Stefan Terzibaschitsch · Die Flugzeuge der U.S. Navy

Stefan Terzibaschitsch

Die Flugzeuge der U.S. Navy

des Marine Corps und der Küstenwache
mit 116 Fotos und ausführlichem Tabellenteil

Das Foto des Schutzumschlages zeigt Maschinen des Träger-Flugzeuggeschwaders CVW-6, aufge-
nommen Mitte 1970 an Deck von CVA-42 *F. D. Roosevelt.* Im Vordergrund einige Jagdbomber des Typs
A-7B Corsair II; sie gehören der Angriffsstaffel VA-15 an. Rechts im Bild neben der Insel zwei E-1B
Tracer der Radar-Frühwarnstaffel VAW-121.

Foto: Verfasser

Umfang 96 Seiten

© Wehr & Wissen Verlag Koblenz/Bonn 1980
Alle Rechte vorbehalten.
Nachdruck und fotomechanische Wiedergabe, auch
auszugsweise, nur mit Genehmigung des Verlages.
Lithos: Repro GmbH, Landshut
Satz, Druck und Bindung: Wilhelm Möller oHG, Berlin
Printed in Germany

ISBN 3-8033-0309-5

Inhalt

Vorwort

Anläßlich der Veröffentlichung dieses Bildbandes über amerikanische Marineflugzeuge möge es gestattet sein, etwas über seine Zielsetzung auszuführen. Dieser Band nimmt in der Reihe der Bücher des Verfassers zeitlich gesehen eine zentrale Stellung ein. Nachdem U.S. Schlachtschiffe (1976) – später auch in einer englischsprachigen Ausgabe – sowie die älteren Kreuzer (beim Stalling-Verlag 1975) als komplette, in sich geschlossene Gebiete abgehandelt wurden, folgten die beiden Bände über U.S. Flugzeugträger 1978 und 1979, bei denen auf eine Vorstellung der Flugzeuge in Bild und Zeichnung aus räumlichen Gründen verzichtet werden mußte. Für das Jahr 1981/2 ist ein zweibändiges Grundsatzwerk über die amerikanische Marine vorgesehen, das den Titel SEEMACHT U.S.A. führen wird und in dem u.a. auch die Seeluftwaffe einschließlich der Flugzeugträger ausführlich Berücksichtigung finden soll. Auch im Vorausblick auf dieses kommende Werk ist der nun vorliegende Flugzeugband als Bindeglied aufzufassen.

Es konnte nicht Aufgabe dieses Bandes sein, etwa eine komplette Foto-Dokumentation sämtlicher bisher seitens der U.S. Navy eingeführten und geflogenen Flugzeugtypen zu bieten. Worauf es hier ankommt, ist die vorzugsweise visuelle Vorstellung all derjenigen Flugzeuggattungen und -typen, die gegenwärtig bei der U.S. Navy, beim Marine Corps und bei der Küstenwache vorhanden sind. Dabei erschien es geboten, nicht nur Fotos der einzelnen Typen zu bringen, sondern auch solche der verschiedenen Versionen eines Typs, die sich oft voneinander unterscheiden. So gesehen bietet dieser Band eine auf den neuesten Stand gebrachte und wesentlich erweiterte Foto-Dokumentation aller gegenwärtig aktiven Marineflugzeuge. Es muß allerdings auch darauf hingewiesen werden, daß – wiederum aus räumlichen Gründen – hierbei nicht eine lückenlose Darstellung der gesamten organisatorischen Zusammenhänge einer so komplexen Seeluftwaffe geboten werden kann. Das hier vorliegende Buch ist für den interessierten und sachkundigen Kenner auch für sich alleine verständlich. Es muß aber betont werden, daß die meisten Details, die bereits in dem 1974 beim J. F. Lehmanns Verlag (jetzt Bernard & Graefe Verlag) veröffentlichten Band des Verfassers unter dem Titel DIE LUFTWAFFE DER U.S. NAVY UND DES MARINE CORPS gebracht worden sind, hier nicht noch einmal wiederholt werden konnten. Diese beide Bände ergänzen sich gegenseitig. Nur durch die bewußt angestrebte und auch eingehaltene Vermeidung von Doppel-Schilderungen konnte dieser Band preiswert gehalten werden, so daß er nach dem Wunsch des Verlages und des Autors einem zusätzlichen interessierten Leserkreis zugänglich gemacht werden kann.

Jeweils unter Voransetzung eines kurzen Rückblicks über die vergangenen Typen einer jeden Gattung, verbunden mit ebenso kurzen Ausblicken auf künftige Intentionen, bilden die Fotos mit ihren Untertexten den Schwerpunkt dieses Bandes. Auf die detaillierte technische Beschreibung der einzelnen Versionen wurde unter Hinweis auf die vorhandene Flugzeug-Spezialliteratur – nicht zuletzt auf die aus Japan – bewußt verzichtet. Die einzelnen Typen dagegen wurden am Schluß des Buches nochmals in einer Übersichtstabelle zusammengefaßt, in der auch die wichtigsten technischen Informationen zu finden sind.

Die Angaben zu den einzelnen Flugzeug- und Hubschraubertypen stützen sich weitgehend auf das beim früheren J. F. Lehmanns Verlag, jetzt Bernard & Graefe Verlag, erschienene Werk TASCHENBUCH DER LUFTFLOTTEN von Nikolaus Krivinyi. So gesehen bildet der nun vorliegende Band eine illustrierte Ergänzung des USN-Teiles dieses periodisch erscheinenden Buches.

Bei der Bilderauswahl kam es darauf an, nicht nur die an sich instruktivsten „Portraits" der einzelnen Maschinen zu bringen, sondern auch Fotos vom Flugbetrieb auf Flugzeugträgern.

Bei der Zusammenstellung dieses Bandes stützte sich der Verfasser erneut auf Unterlagen, die ihn von verschiedenen Seiten erreicht haben, vor allem aber auf Fotos der Herstellerwerke.

Beech Aircraft Corp., Boeing Vertol Co., Bell Helicopter Textron,
Vought Aeronautics Corp., Grumman Aerospace Corp., Lockheed California Co.,
Rockwell International und McDonnell Douglas. Weitere Fotos lieferten die Herren Jürg Kürsener und Peter Leinkauf sowie das Office of Naval Information beim Department of the Navy in Washington, D. C. (dort Mr. R. A. Carlisle). Besonderen Dank schuldet der Verfasser Dr. Robert Scheina aus Washington, der neben anderen, für die Arbeit des Verfassers benötigten Unterlagen auch Fotos von Flugzeugen und Hubschraubern der Küstenwache zur Verfügung gestellt hat. Dank auch Herrn W. Globke und Mr. E. B. Mezger für die kritische Durchsicht des Manuskriptes.

Dank sei auch gesagt dem Leiter des Verlages WEHR & WISSEN, Herrn J. Latka, der die Idee zum Buch hatte und auf Anregungen des Verfassers bereitwillig eingegangen ist.

Sommer 1980
Ing. Stefan Terzibaschitsch
Stuttgarter Straße 25
D-7250 Leonberg

Staffeltypen/Bezeichnung

Staffeltypen bei der Seeluftwaffe

Abkürzung	Bedeutung	Deutsche Bezeichnung
RVAH	Reconnaissance Attack Squadron	Schwere Kampfaufklärer-Staffel**
VAH	Heavy Attack-Squadron	Schwere Kampfstaffel**
VQ	Fleet Air Reconnaissance Squadron	Flotten-Erkundungsstaffel
VAP	Heavy Photographic Squadron	Schwere Fotoaufklärungs-Staffel**
VFP	Light Photographic Squadron	Leichte Fotoaufklärungs-Staffel
VAW	Carrier Warning Squadron	Bord-Radarwarnstaffel
VAQ	Tactical Electronic Warfare Squadron	Taktische Elektronik-Staffel
VA	Attack Squadron	Jagdbomber-Staffel
VA(L)	Light Attack Squadron	Leichte Angriffsstaffel**
VSF	ASW Fighter Squadron	Jagdstaffel der U-Jagd-Träger**
VF	Fighter Squadron	Jagdstaffel
VS	Air Anti-submarine Squadron	Bord-U-Jagdstaffel
VP	Patrol Squadron	Landgestützte U-Jagd-Fernaufklärerstaffel
VO	Observation Squadron	Nahaufklärer- und Beobachtungsstaffel**
VR	Fleet Tactical Support Squadron	
VRC	Fleet Tactial Support Squadron (Carrier-on-board delivery)	Lufttransportstaffel
VRF	Aircraft Ferry Squadron	Flugzeug-Überführungsstaffel*
VC	Fleet Composite Squadron	Mehrzweck-Hilfsdienststaffel
VT	Training Squadron	Schulstaffel
VW	Weather Reconnaissance Squadron	Versuchs- und Sonderstaffel**
TACRON	Tactical Air Control Squadron	Taktische Kontrollstaffel*
HA(L)	Light Helicopter Attack Squadron	Leichte Hubschrauber-Angriffsstaffel***
HS	Helicopter Anti-Submarine Squadron	Hubschrauber-U-Jagdstaffel
HSL	Light Helicopter Anti-Submarine Squadron	Leichte Hubschrauber U-Jagd-Staffel
HM	Helicopter Mine Countermeasures Squadron	Hubschrauber-Minenräumstaffel
HC	Helicopter Combat Support Squadron	Hubschrauber-Mehrzweckstaffel
HT	Helicopter Training Squadron	Hubschrauber-Schulstaffel

* Staffel ohne eigene Flugzeuge
** zwischenzeitlich erloschene Staffeltypen
*** nur bei der „Naval Air Reserve Force" (NARF)

Staffeltypen beim Marine Corps

Abkürzung	Bedeutung	Deutsche Bezeichnung
H&HS	Headquarters & Headquarters Squadron	Stabs- und Quartiermeister-Staffel*
H&MS	Headquarters & Maintenance Squadron	Stabs- und Wartungsstaffel*
MABS	Marine Air Base Squadron	Stützpunktstaffel*
MACS	Marine Air Control Squadron	Luftkontrollstaffel*
MASS	Marine Air Support Squadron	Unterstützungsstaffel*
VMA(AW)	Marine Attack Squadron (all weather)	Angriffsstaffel (Allwetter-)
VMA	Marine Attack Squadron	Angriffsstaffel
VMFA	Marine Fighter/Attack Squadron	Jagdbomberstaffel
VMAT	Marine Attack Training Squadron	Schulstaffel für VMFA
VMFP	Marine Light Photographic Squadron	Leichte Fotoaufklärungsstaffel
VMAQ	Marine Tactical Electronic Warfare Squadron	Taktische Eloka-Staffel
VMT	Marine Training Squadron	Schulstaffel allgemein
VMGR	Marine Aerial Refueling and Transport Squadron	Luftbetankungs- und Transportstaffel
HMA	Marine Helicopter Attack Squadron	Hubschrauber-Angriffs-Staffel
HMH	Marine Helicopter Transport Squadron (heavy)	Schwere Hubschrauber-Transportstaffel
HMM	Marine Helicopter Transport Squadron (medium)	mittlere Hubschrauber-Transportstaffel
HML	Marine Helicopter Transport Squadron (light)	leichte Hubschrauber-Transportstaffel
HMT	Marine Helicopter Traninings Squadron	Hubschrauber-Schulstaffel
HMX	Marine Helicopter Development Squadron	Entwicklungs- und Teststaffel
VMO	Marine Observation Squadron	Nahaufklärungsstaffel
VMCJ	Marine Composite Reconnaissance Squadron	Fotoaufklärungs- und Radarstaffel** (elektronische Aufklärung)
MATCU	Marine Air Traffic Control Unit	Luftverkehrs-Kontrolleinheit*
FMF-H.Sq.	Headquarters Fleet Marine Force	Hauptquartier der „Fleet Marine Force"*

* Staffeln mit nur wenigen oder gar keinen eigenen Flugzeugen
** Staffeltyp erloschen

Bezeichnung der Flugzeug- und Hubschrauber-Typen (Aircraft Designation System)

Jeder Flugzeug- bzw. Hubschraubertyp der Vereinigten Staaten führt ein einheitlich ausgebildetes Kurzzeichen. Die gegenwärtig gebräuchlichen Kürzungen wurden 1962 verbindlich für alle Waffengattungen eingeführt. Diese Kürzungen umfassen Aussagen über die Aufgabenstellung, den Grundtyp sowie über weitere Einzelheiten. Die Kürzung besteht aus Buchstaben und Zahlen, die stets in gleicher Reihenfolge geschrieben werden. Nachfolgendes Beispiel bezieht sich auf das Flugzeugmodell YEA-6A. Dabei bedeutet

Y	E	A	–	6	A
Symbol für den gegenwärtigen Status	Symbol für die Aufgabenstellung	Grundtypensymbole	Bindestrich	Entwurfszahl	Serien-Buchstabe

Das „Y" (oder andere ggfls.) ist in der Regel auf aktiven Maschinen nicht sichtbar. – Das Buchstabensymbol für die Aufgabenstellung besteht mitunter aus zwei Buchstaben (wie im Falle des Modells TAF-9J!). – Der Bindestrich befindet sich stets zwischen dem Grundtypensymbol und der Entwurfszahl. Alle anders beobachteten Schreibformen sind falsch. – Die Entwurfszahl wechselt so lange nicht, bis ein Flugzeugtyp in dem Maße verändert wird, daß geboten erscheint, eine eigene Entwurfsziffer einzuführen (z.B. EC-1A und E-1B). – Der Serienbuchstabe markiert die fortlaufende Version bei Modifikationen eines Grundtyps. Die erste Version hat immer den Buchstaben A. Um Verwechslungen zu vermeiden, werden die Buchstaben I und O nicht benutzt. Es folgt eine Aufstellung sämtlicher Status-, Aufgaben- und Grundtypensymbole.

Statussymbol	Aufgabensymbol	Grundtypensymbol
G ständig erdgebunden	A Kampf-/Jaboversion	A Angriffs/Jagdbomber
J zeitweilige Sondertests	B Bomberversion	B Bombenflugzeug
N ständige Sondertests	C Transportversion	C Transportflugzeug
X Experimentalmaschine	D Drohnen- bzw. Raketenkontrolle	E Radarwarnflugzeug
Y Prototyp	E besondere elektronische Einrichtung	F Jagdflugzeug
Z in Planung	H Such- und Rettungsversion	H Hubschrauber
	K Luftbetankung	O Beobachtungsflugzeug
	L Polareinrichtung	P Fernaufklärungsflugzeug
	M Raketenträger (nicht in Gebrauch)	S U-Jagdflugzeug
	Q Ferngelenkte Maschine	T Schulflugzeug
	R Aufklärungsversion	U Hilfsdienstflugzeug
	S U-Jagdversion	V Senkrecht- bzw. Kurzstreckenstarter
	T Schulversion	X Forschungsmaschine
	U Hilfsdienstversion	
	V Stabtransportversion	
	W Wetterbeobachtungs-Version	

Leichte, mittlere und schwere Angriffsflugzeuge

Die Gattung der Angriffsflugzeuge, aus denen die VA- bzw. VAH-Staffeln bestanden, ist die Nachfolgerin der vormaligen leichten Träger-Bomber, die seinerzeit in den VB-Staffeln zusammengefaßt waren. Aus den schiffsgestützten Bombern wurden später, Anfang der 50er Jahre, drei Arten von „attack aircraft" entwickelt:

☐ der leichte Jagdbomber,

☐ das etwas langsamere, mittelschwere Allwetterflugzeug und

☐ der schwere bordgestützte Bomber, mit der Fähigkeit, auch Atombomben ins Ziel zu bringen.

Die Propellermaschinen AM-1 Mauler und AF Guardian waren die ersten speziell entworfenen VA-Typen, die jedoch nur relativ kurze Zeit in den VA-Staffeln zu finden waren. Der Einbruch der Strahlflugzeug-Technologie führte zu Neuentwicklungen und der erste eingeführte Typ, die A4D (später A-4) Skyhawk war gleich der „große Wurf". Er verblieb nahezu zwei Jahrzehnte bei den Angriffstaffeln der Navy, der NARF und des Marine Corps. Die Version A-4M wird noch gegenwärtig von sechs VMA-Staffeln geflogen. Bei den Navy-Staffeln erfolgte ab 1966 die Einführung der A-7 Corsair II, eines ebenso gelungenen wie zuverlässigen Jabo-Typs, dessen Beschaffung für die USN inzwischen beendet wurde.

Bei den mittelschweren Allwetterbombern behauptete und bewährte sich praktisch seit dem Ende des Zweiten Weltkrieges die AD (später A-1) Skyraider, ein Flugzeug mit Kolbenmotor, das erst ab 1963 durch die strahlangetriebene A-6 Intruder (vormals A2F) abgelöst wurde, deren Radar- und Eloka-Version jedoch noch bis Mitte der 70er Jahre auf Flugzeugträgern eingesetzt war. Die A-6 dagegen ist gegenwärtig der unangefochten zielsicherste Allwetter-Bomber der Navy und des Marine Corps. Er wird ständig modifiziert, verbessert und mit zusätzlichen Einrichtungen zur Optimierung der Zielgenauigkeit ausgestattet. Obwohl die Beschaffung der A-6 auslaufen soll, ist für diese Maschine noch kein Nachfolgetyp in Sicht. Die A-6 kann auch die inzwischen kleiner gewordenen Atombomben befördern und ins Ziel bringen. Fünf Marine Corps-Staffeln fliegen gegenwärtig die A-6E. Eloka-Versionen der A-6 sind die EA-6A Intruder und die EA-6B Prowler, von denen die erstere beim Marine Corps gerade durch die B-Version abgelöst wird, während die letztere zum Standard-Inventar der VAQ-Staffeln der Navy gehört. Letztlich gibt es in jeder Intruder-Staffel auch noch etwa vier KA-6D, eine Tankerversion, die demnächst fast vollkommen die auslaufende KA-3B und EKA-3B bei der Betankung von Flugzeugen in der Luft ablösen wird.

Die seinerzeit so wichtig erachteten schweren Angriffsflugzeuge, sprich Bomber, die in den VAH-Staffeln zusammengefaßt waren, sind Zeiterscheinungen gewesen, die später das Opfer veränderter Prioritäten wurden. Anfang der 50er Jahre war vorgesehen, daß die bordgestützten Atombomber der strategische Arm der U.S. Navy werden sollten. Hierfür wurden im Laufe der 50er und der 60er Jahre nacheinander drei Typen in Dienst gestellt. Der erste war die AJ Savage, damals noch mit kombiniertem Kolbenmotoren/Turbojet-Antrieb. Die Savage wurde ab 1956 von der A3D (später A-3A) abgelöst, die restlichen Exemplare beendeten ihr Dasein als Fotoaufklärer bzw. Tanker. Die Serienversion A-3B Skywarrior fungierte einige Jahre als Atombomber und war die schwerste Bordmaschine überhaupt. Nach Zugang der ersten strategischen U-Schiffe mit ballistischen Polaris-Flugkörpern – etwa ab 1958 – wurden die Prioritäten neu verteilt: die SSBN wurden nunmehr zur strategischen Komponente der Navy, während die Atombomber zweckentfremdet wurden. Die A-3B wurden für eine kurze Zeit durch die viel schnelleren A-5A und A-5B Vigilante ersetzt, bevor diese selbst als RA-5C modifiziert und in RVAH-Staffeln untergebracht wurden. Die A-3 aber findet man heute noch in einigen ihrer späteren Versionen, als Tanker, als Foto-Aufklärer, als Trainer und als Eloka-Maschine. Dabei hat sie an Lebensdauer die A-5 überrundet, die bereits 1979 von Bord der meisten Flugzeugträger geholt und zum Teil durch die ältere RF-8G Crusader ersetzt wurde. Trotzdem darf nicht unerwähnt bleiben, daß nach wie vor alle Flugzeugträger auch Atombomben an Bord haben, die von der A-6 Intruder befördert werden können.

Eine A-3B mit hochgeklappten Tragflächen, hier ohne Heckstand und offentsichtlich im Zuge der Vorbereitung einer neuen Verwendung, da außer der Seriennummer und der Bezeichnung NAVY keinerlei andere Markierung vorhanden ist. Die über 35 t schwere Maschine konnte zwar auf den SCB-27C-Umbauten des Typs *Essex* landen, sie war aber zu groß, um in den Hangar befördert zu werden.

Dieses Foto eines Foto-Aufklärers A3D-2P (später RA-3B) wurde am 23. Mai 1960 aufgenommen. Die Maschine ist nagelneu und steht auf dem Geländes des Herstellerwerkes. In den 60er Jahren waren es die beiden schweren Fotoaufklärungsstaffeln VAP-61 und VAP-62, von denen aus Teilstaffeln auf die einzelnen Flugzeugträger kommandiert wurden. Nach Auflösung dieser Staffeln wurden die Maschinen modifiziert und als ERA-3B von der Flottenerkundungsstaffel VQ-1 übernommen. Einige Exemplare dürften auch gegenwärtig noch fliegen. Auf dem vorliegenden Foto ist noch deutlich der Heckstand mit der Kanone in der Kugelblende zu sehen sowie der Radarwulst darüber. In der Maschine waren zwölf Kameras eingebaut, mit denen man sowohl nach unten wie auch schräg zur Seite Aufnahmen machen konnte. Sichtbar von alledem ist nur die Ausbuchtung unter dem Seitenfenster. Hinter der Nase befindet sich der Stutzen für die Betankung in der Luft.

Geheimnisumwittert ist stets die EA-3B, eine Eloka-Spezialversion der Skywarrior, mit viel Elektronik-Spezialisten an Bord und einem Sortiment an Anlagen für die elektronische Kriegführung und Aufklärung. Obwohl bekannt ist, daß die 25 hergestellten Maschinen dieser Version in den beiden Flottenerkundungsstaffeln VQ-1 und VQ-2 „zuhause" sind, vermißt man an ihnen im Einsatz jegliche Markierungen, ja sogar die Serien-Nummer. Dieses am 23. April 1972 aufgenommene Foto zeigt eine EA-3B der Staffel VQ-2 während einer kurzen Zwischenlandung auf CVA-67 *John F. Kennedy*. Zu erkennen ist diese Version an dem Elektronik-Wulst am oberen Ende des Seitenleitwerkes. (Oben links)

Voll identifizierbar dagegen ist diese EKA-3B, die von der Staffel VAQ-135 an Bord der *John F. Kennedy* abkommandiert worden war und ihm Rahmen des Geschwaders CVW-1 (AB) eingesetzt wurde. Insgesamt wurden über 30 Maschinen dieser Version eingesetzt. Kleine Unterschiede gegenüber der EA-3B sind festzustellen. Aufgrund der Seriennummer kann festgestellt werden, daß dies eine umgebaute vormalige A-3B ist. Zu jener Zeit gab es an Bord bereits auch die Tankerversion der Intruder, die als KA-6D geführt wird; dennoch wurde auch die EKA-3B ebenfalls noch bei der Betankung in der Luft eingesetzt. (Oben rechts)

Ab 1959 speziell für Ausbildungszwecke gebaut wurden zwölf TA-3B Kampftrainer. Sie waren seinerzeit in den Ausbildungsstaffeln VAH-3 und VAH-123 verwendet worden und boten Platz für die Besatzung, einen Ausbilder und sechs Radar-Schüler. Diese beiden Staffeln gibt es jedoch schon lang nicht mehr und – wie man auf diesem Foto sehen kann – benutzt der Staffelkapitän der Flottenerkundungsstaffel VQ-1 (wegen der Wichtigkeit der Aufgaben ein Kapitän zur See!) eine TA-3B als sein persönliches Flugzeug. Die Kugelblende im Heck ist leer, die Kanone wurde entfernt.

Die vielfältig einsetzbare A-4 Skyhawk wurde nach zwei Jahrzehnten Verwendung zwischenzeitlich bei allen VA-Staffeln der Navy (aktiven und Reservestaffeln) durch die A-7 Corsair II ersetzt. Beim Marine Corps jedoch fliegt sie immer noch, das vorliegende Foto zeigt eine A-4M mit den Markierungen der Angriffsstaffel VMA-331. Der weiteren Verwendung der A-4M kommt besondere Bedeutung zu angesichts der Unsicherheit bei der Beschaffung des V/STOL-Flugzeuges AV-8B und angesichts der Tatsache, daß die neue A-18 erst ab Mitte der 80er Jahre zur Verfügung stehen könnte.

Ein Blick in die nahe Vergangenheit: eine A-4F der Staffel VA-55 auf dem Flugdeck von CVA-19 *Hancock*. Die Staffeln mit den Skyhawks operierten zuletzt vor allem von den restlichen CVA des Typs *Essex*. Die Vielseitigkeit dieser Maschine gestattete es, sie auch als Jagdflugzeug einzusetzen. Viele Jahre hindurch hatten U-Jagdträger eine Teilstaffel mit A-4-Maschinen an Bord, die den Jagdschutz der Trägergruppen übernahmen. Sechs A-4F bilden heute noch die Navy-Demonstrationsstaffel (Kunstflugstaffel) „Blue Angels".

Nach Auslaufen der TA-4F-Produktion ist die TA-4J nach wie vor Standardmaschine bei der Fortgeschrittenen- und bei der Spezial-Ausbildung der Piloten und Navigatoren, sowohl bei den VT-Staffeln in Corpus Christi, Texas, als auch bei den Kampftrainingsstaffeln VA-45 und VA-127. Mehrere Exemplare befinden sich außerdem bei Sonder- und Mehrzweckstaffeln, bei Waffenschulen, in Versuchszentren usw. Dieses Foto zeigt eine TA-4J mit den Markierungen von VT-21, einer der Schulstaffeln in Kingsville. Die TA-4J ist ein Zweisitzer, der auf Trägern landen und starten wie auch in der Luft betankt werden kann. Die Nasenspitze und das Seitenleitwerk sind in grellroter Sicherheitsfarbe gehalten.

Das typische Bild der mustergültigen Landung auf einem Träger: der ausgefahrene Fanghaken wird das zweite quergespannte Fangseil zu fassen bekommen, die Fahrwerke schlagen abrupt auf das Deck, der Pilot gibt kurz Vollschub, bis klar ist, daß der Haken das Seil gefaßt hat. Das 1973 aufgenommene Foto zeigt die erste Maschine der 6. taktischen Staffel (hier RVAH-11) von CVW-1 an Bord von CVA-67 *John F. Kennedy.* Dies ist eine RA-5C Vigilante, ein Fotoaufklärer mit Überschall-Geschwindigkeit, der allerdings auch noch andere Leitaufgaben innerhalb des Geschwaders zu erfüllen hatte. Der frühe Produktionsschluß dieser feinen Maschine, die ursprünglich als Bord-Atombomber konzipiert und für Fotoaufklärungsaufgaben alleine jedoch zu schwer war, bewirkte, daß sie ab Ende der 70er Jahre zunehmend von Bord der Träger genommen wurde.

Eine A-6E Intruder mit den Markierungen von CVW-7, Allwetterstaffel VA-65, früher auf CV-62 *Independence,* jetzt auf CVN-69 *Dwight D. Eisenhower.* Nach den Anfangsversionen A, B und C ist die Version E nach Modifizierung mit verbesserter Zieleinrichtung TRAM jetzt der Standard-Bomber auf allen U.S.-Flugzeugträgern. Er kann auch Atombomben befördern.

Am 28. März 1976 wurde dieses Foto einer zum Lenkwaffen-Testzentrum Point Mugu in Kalifornien gehörenden A-6E aufgenommen, die eine der neuen Marschflugkörper (hier in der Luft/Boden-Ausführung) des Typs Tomahawk mitführt.

Die Identifikations-Buchstaben CY gehörten bis vor kurzer Zeit noch zu der gemischten Marine Corps-Staffel VMCJ-1, in der sowohl Fotoaufklärer RF-4B Phantom wie auch die Eloka-Maschine EA-6A Intruder gemeinsam untergebracht waren. Aus dieser Zeit stammt das vorliegende Foto. Die RF-4B führt die Bugnummer 00 des Staffelkapitäns, die EA-6A ist die 19. Maschine dieser sehr großen Staffel, von deren Art es damals beim USMC drei gab. Ab 1975 wurde VMCJ-3 aufgelöst, in VMCJ-2 verblieben nur die EA-6A und die Staffel wurde in VMAQ-2 umbenannt. Alle RF-4B wurden dabei in einer einzigen Staffel zusammengezogen, die fortan mit VMFP-2 bezeichnet wurde. Die EA-6A ist von der Version B deutlich an der kürzeren Cockpit-Abdeckung zu unterscheiden.

Die Standard Eloka-Maschine der U.S. Navy ist gegenwärtig die EA-6B, genannt Prowler. Die grundlegend unterschiedliche Aufgabenstellung zwischen der EA-6A/B und der A-6E wurde schon dadurch dokumentiert, daß die Eloka-Maschinen ihren eigenen Namen Prowler erhielten. Das Foto zeigt eine EA-6B der Staffel VAQ-136, die zur Zeit der Aufnahme auf CVA-63 *Kitty Hawk* stationiert und dem „Commander Air Wing 11" unterstellt war. Zum Unterschied von der EA-6A ist hier das doppelte Cockpit zu erkennen. Zu beachten sind der Betankungsstutzen über der Flugzeugnase und die wulstartige Verstärkung über dem Seitenleitwerk, die der Unterbringung von elektronischen Sensoren dient.

Die drei hier abgebildeten A-6-Maschinen gehören dem Geschwader CVW-8 an. Im Vordergrund, am Rande des abgesenkten Aufzuges, steht eine ehemalige A-6A, die zu A-6E modifiziert wurde; sie gehört zur Staffel VA-35. Dahinter befinden sich zwei EA-6B der Staffel VAQ-135. Das Foto wurde 1978 von der Brücke von CVN-68 *Nimitz* aufgenommen.

Dies ist eine KA-6D von VA-176, seinerzeit auf CVA-42 *F. D. Roosevelt*. Jede Allwetter-VA-Staffel besitzt vier KA-6D; deren typische Merkmale sind bis zu fünf Treibstoff-Zusatztanks, ein senkrechter Farbstreifen an der dünnsten Stelle des Rumpfes und die Installation eines schräg nach hinten gerichteten Stutzens, durch den der Betankungsschlauch zum „durstigen" Nachfolge-Flugzeug abgelassen wird. Dieses Foto wurde am 6. Oktober 1971 aufgenommen, als in einer Allwetterstaffel bis zu vier verschiedene Versionen vorzufinden waren. Jeder Version wurde ihre eigene Ziffernfolge zugeteilt, z.B. A-6A ab 500, A-6B ab 510, A-6C ab 520, A-6E ab 530, KA-6D in diesem Falle ab 550. Die KA-6D ist beileibe nicht nur Tankflugzeug. Sie kann bei Tageslicht und gutem Wetter normal als Bomber eingesetzt werden; ihr fehlt lediglich die Allwetter-Zieleinrichtung.

Wie eine Betankung vom Deck eines Flugzeugträgers aussieht, zeigt dieses am 23. April 1972 aufgenommene Foto: vornweg eine KA-6D, zu erkennen an den fünf Zusatztanks und dem nach achtern abgehenden Betankungsschlauch. Dahinter „nuckelt" eine F-4J an der Treibstoffleitung, während eine zweite Phantom „Schlange fliegt", um als nächste an die Reihe zu kommen.

Eine KA-6D der Staffel VA-34 landet am 23. April 1972 auf CVA-67 *John F. Kennedy*. Beachtenswert sind die „hohe" Bugnummer 532, die bei der Intruder besonders ausgebildeten Bremsklappen sowie die Treibstoff-Zusatztanks.

Mit hochgeklappten Trägerflächen präsentiert sich hier eine ältere A-6B der Staffel VA-196, die auf CVAN-65 Enterprise eingesetzt war und im Rahmen von CVW-14 operierte.

Die A-7 Corsair II ist gegenwärtig der Standard-Jagdbomber der leichten VA-Staffeln der Navy. Die A-7E hat inzwischen die A-4 Skyhawk bei der Navy völlig verdrängt, beim Marine Corps wird sie jedoch nicht geflogen. Die Reserve-VA-Staffeln der NARF führen die ältere Version A-7B. Diese drei Maschinen wurden 1976 im Verbandsflug aufgenommen. Sie gehören der Staffel VA-27 an und sind ebenfalls auf USS *Enterprise* stationiert. Die A-7E wird – mit einigen weiteren Verbesserungen versehen – bis in die 80er Jahre aktiv bleiben, um dann durch die A-18 ersetzt zu werden.

Aus einer A-7B entstand durch Umbau diese zweisitzige Kampftrainerversion, die die Bezeichnung TA-7C erhielt, aber trotzdem vollwertig als Jabo eingesetzt werden kann. Als möglicher Ersatz für die RA-5C Vigilante ist die Produktion eines Foto-Aufklärers RA-7E geplant, jedoch nocht nicht beschlossen. Wahrscheinlicher ist die spätere Einführung der Version RF-18.

Jagdflugzeuge

Von den Anfängen ihrer Bordverwendung waren die Jagdflugzeuge der Träger diejenigen Flugzeuge, die dazu bestimmt waren, die Luftüberlegenheit gegenüber dem Gegner über See zu erlangen und aufrechtzuerhalten. Sie mußten stets die besten, die schnellsten und die wendigsten sein. Es verwundert daher nicht, daß im Laufe der Zeit viel mehr Jagdflugzeugtypen entwickelt wurden als Bomber, Torpedoflugzeuge oder später Angriffsflugzeuge (Jagdbomber). Die Entwicklung neuer Typen war stets darauf abgestellt, die neuesten Erkenntnisse der Technologie einzubringen. Die noch im Zweiten Weltkrieg entwickelten Propellermaschinen – so die F4U Corsair, die F7F Tigercat und die F8F Bearcat – wurden bis 1955 nacheinander ausgesondert. An ihre Stelle traten dann Strahlmaschinen, im deutschen Sprachgebrauch anfänglich mit „Düsenjäger" angesprochen. Sie waren schon wesentlich schneller und wurden bald Ursache für gewaltige Wandlungen sowohl bei den Flugzeugträgern wie auch bei der Technologie der Waffen- und Elektroniksysteme. Sowohl die letzte Propeller-Jagdmaschine wie auch die ersten Strahljäger (FH Phantom, F2H Banshee, F9F Panther) sorgten dafür, daß im harten Kampfeinsatz über Korea die Vorteile wie auch die Grenzen des Flugzeugeinsatzes gegen Landziele bei starker und gezielter feindlicher Bodenabwehr erkennbar wurden. Beides wiederholte sich Ende der 60er Jahre über Vietnam, wo die Anzahl der durch leichte Flak abgeschossenen amerikanischen Flugzeuge nicht gering war. Hier fochten freilich bereits wesentlich neuere Typen, die F-8 Crusader und die F-4 Phantom II. Bei der Luftüberlegenheit dieser Typen hatten die älteren Versionen der Mig-Jäger keine großen Chancen; trotzdem bewiesen auch diese großes taktisches Können und erzielten unter den Amerikanern manchen Abschuß.

Während die hervorragenden Jäger des Typs F-8 Crusader als Kampfmaschinen etwa zugleich mit der Außerdienststellung der letzten CVA des Typs *Essex* ausgesondert wurden, ist die F-4 Phantom II als Maschine sicherlich nach wie vor einer der besten Jagdflugzeugtypen, den die Navy jemals auf Trägern besaß. Selbst die Einführung der noch besseren, jedoch sehr teuren F-14 Tomcat, die sechs Tonnen schwerer ist als die Phantom II, ändert kaum etwas daran. Gegenwärtig wird aber als nicht viel preiswerterer, dafür jedoch leichterer Typ die F-18 Hornet eingeführt, eine Jagdmaschine, die zusammen mit der F-14 von 1980 an alle F-4 ablösen soll, deren Produktion schon längst ausgelaufen ist.

Dieses am 21. April 1972 aufgenommene Foto zeigt zwei F-4B Phantom II der Jagdstaffel VF-14 auf CVA-67 *John F. Kennedy*. Links ist die Maschine des Staffelkapitäns von VF-14, derjenigen Staffel, die hier als erste taktische Staffel des Geschwaders CVW-1 eingesetzt ist. Zwischenzeitlich erhielt diese Staffel die F-14A.

Anfang der 60er Jahre wurde diese Aufnahme vom Start einer der ersten F-4J gemacht, die noch keinerlei Identifikations-Markierungen führt.

Ebenfalls Anfang der 60er Jahre wurde dieses Foto einer F-4B der Allwetter-Jagdstaffel VMF(AW)-314 des Marine Corps aufgenommen. Inzwischen ist das Marine Corps ebenfalls mit den neueren Versionen F-4J und F-4N ausgerüstet, die ihrerseits ab etwa 1981/82 durch die F-18 Hornet abgelöst werden sollen.

Eine RF-4B des Marine Corps ohne nähere Identifikations-Markierungen, aufgenommen am 12. März 1965. Diesen Typ findet man gegenwärtig nur in der Staffel VMFP-3, wo er als taktischer Fotoaufklärer verwendet wird. Zur Zeit ist noch nicht abzusehen, wann und durch welchen Typ die RF-4B ersetzt werden soll.

Die letzte Kampfversion der Phantom II ist die F-4N. Man findet sie gegenwärtig noch auf dem Flugzeugträger *Midway,* in einigen VMF-Staffeln des Marine Corps sowie in den Reservestaffeln der *Naval Air Reserve Force* (NARF). Das Foto zeigt zwei F-4N der Reserve-Jagdstaffel VF-301.

Nicht nur in den Kampfstaffeln findet man die Phantom, sondern – in Abwandlungen – auch bei Mehrzweck- und Sonderstaffeln. Hier abgebildet ist eine QF-4B, ein ferngelenktes Modell, bei dem alle Waffenanlagen durch die Fernlenkungs-Einrichtung ersetzt worden sind. Diese Maschine ist rot angestrichen und untersteht dem Naval Missile Center in Point Mugu, Kalifornien.

Abbildung oben: Zweckentfremdeter Zeuge einer verfehlten Flottenpolitk: eine F-4K der britischen Royal Navy, hier beim Start als Jagdbomber mit untergehängter Bombenlast und Treibstoff-Zusatztanks. Die F-4K wurde zuletzt auf HMS *Ark Royal* eingesetzt, dem letzten britischen Flugzeugträger, der auf Anordnung der damaligen Labour-Regierung im Dezember 1978 außer Dienst gestellt wurde. Die wertvollen F-4K müssen seitdem von Land aus operieren, sie wurden von der Royal Navy an die RAF übergeben.

Abbildung unten: Eine Maschine des Typs F-5E Tiger II, von dem die U.S. Navy einige Exemplare in einer Sonder- und Kampftrainerstaffel unterhält. Bei der Luftkampfschulung der Navy- und Marine Corps-Piloten wird die F-5E als Feinddarstellungs-Flugzeug eingesetzt. Auf dem vorliegenden Foto führt die Maschine Tarnanstrich. Die F-5E eignet sich nicht für den Einsatz auf Trägern.

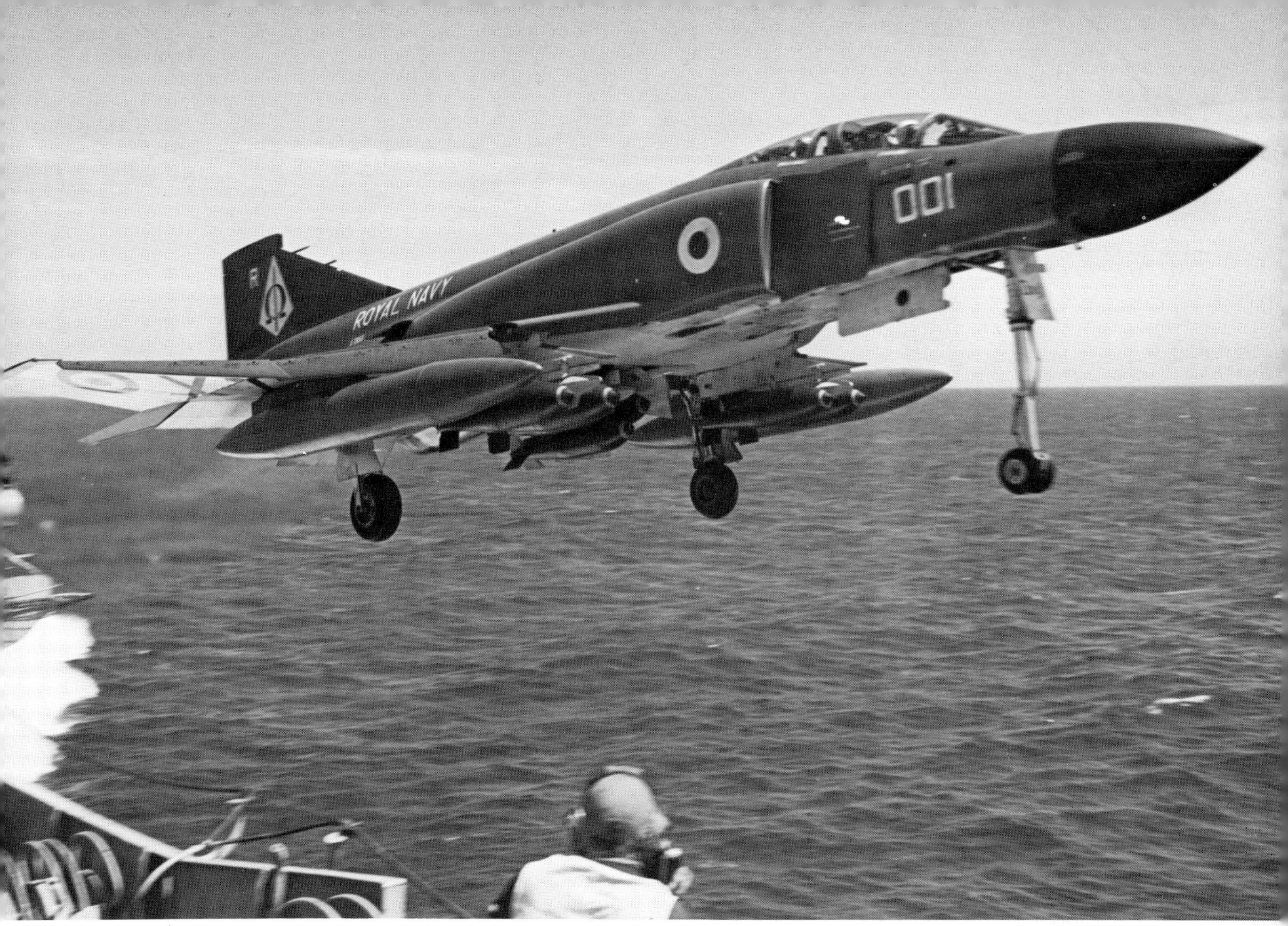
ROYAL NAVY
001
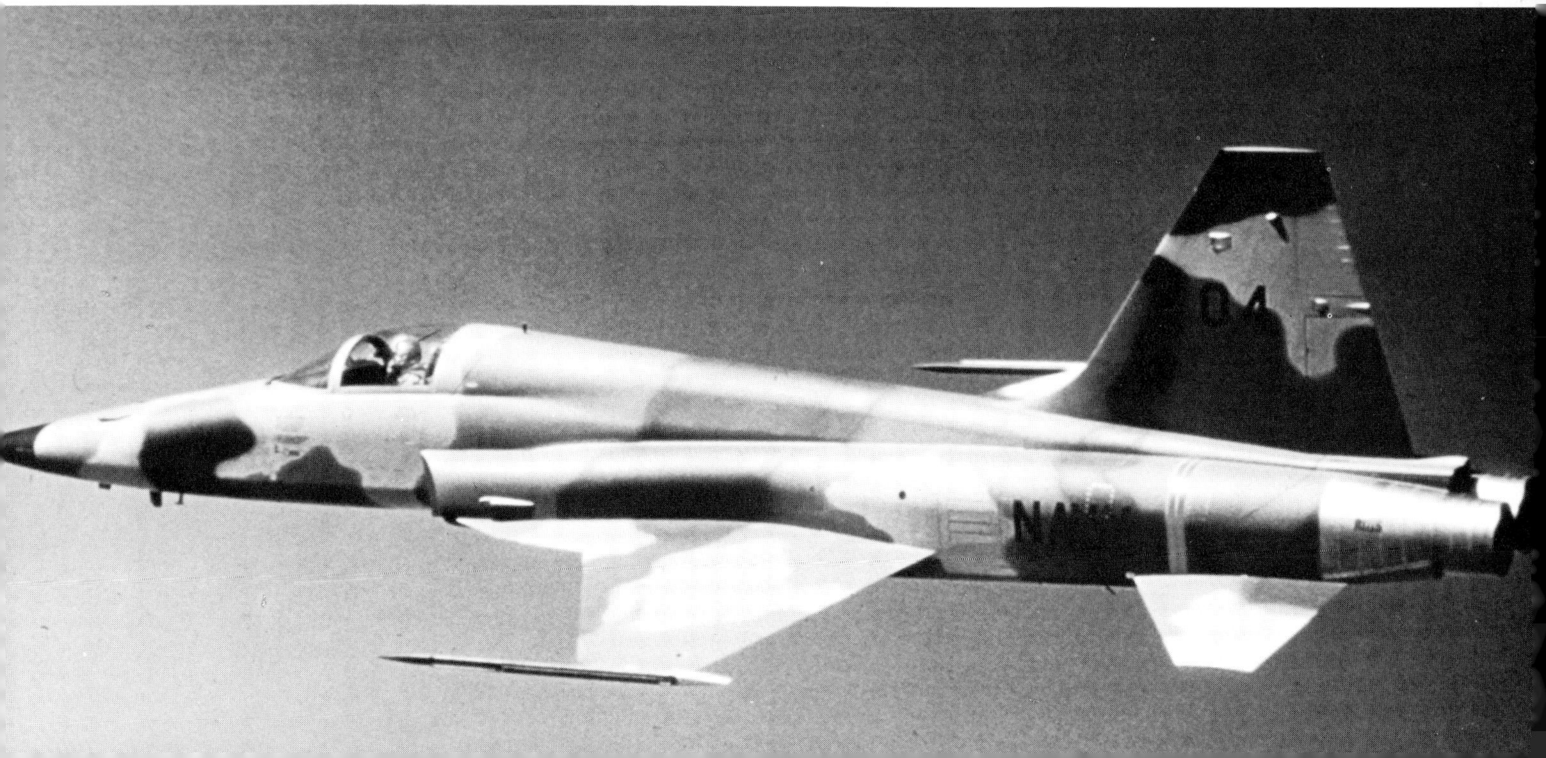
04

Nachdem zwischen 1978 und 1980 sämtliche bordgestützte Fotoaufklärer des Typs RA-5C Vigilante ausgesondert wurden, ein neuer Typ aber nicht entwickelt wurde, bedient sich die Navy gegenwärtig der RF-8G Crusader, der letzten Fotoaufklärerversion dieses lange Zeit hindurch so erfolgreichen Jagdflugzeuges. Von den 144 speziell für diesen Zweck gebauten RF-8A, die ab 1957 zur Flotte kamen, wurden zehn Jahre später 73 Maschinen zu RF-8G umgerüstet. Der Rest davon fliegt heute noch und alle Maschinen dieses Typs werden gegenwärtig nacheinander nochmals „aufpoliert", um noch so lange zu fliegen, bis eine andere Lösung gefunden wird. Diese Lösung besteht zum Teil darin, daß auf dem in Japan beheimateten Träger *Midway* RF-4B Phantoms der in der Nachbarschaft stationierten Staffel VMFP-3 eingesetzt werden. Es besteht jedoch auch die Absicht, etliche F-14A und möglicherweise auch A-7E mit Fotokamera-Behältern („pods") auszurüsten. Das Foto zeigt im Flug eine RF-8G mit den Identifikationsbuchstaben AE des Geschwaders CVW-6.

Auch in den beiden Reserve-Fotoaufklärerstaffeln der NARF, also VFP-206 und VFP-306 werden RF-8G verwendet. Das Foto zeigt eine Maschine mit der Markierung des Reservegeschwaders CVWR-30. In der Ausbuchtung unter dem Hoheitszeichen befinden sich Hochleistungskameras, die eine Rundum-Fotoaufklärung während schnellen Fluges ermöglichen.

Dieses im Juni 1977 auf einem britischen Stützpunkt aufgenommene Foto zeigt eine F-14A Tomcat der Jagdstaffel VF-14. Festzu-stellen sind hier die Identifikationsbuchstaben von CVW-1 auf CV-67 *John F. Kennedy*. Die Umbemalung der Maschine vor dem Einsatz auf dem Träger wurde offensichtlich noch nicht abgeschlossen. Die Bugnummer 122 ergibt ohne nähere Erläuterung kei-nen Sinn. Es handelt sich um die noch nicht abgeänderte Bugnummer innerhalb der Ersatzeinheit. Auch fehlt hier merkwürdiger-weise die Flugzeug-Serien-Nummer (BUNO).

Die Maschine des Staffelkapitäns von VF-1, der ersten aktiven Bordstaffel, die mit F-14A ausgerüstet war um auf CVN-65 Enter-prise eingesetzt zu werden. Die eigentlichen Stärke liegt bei diesem Typ im Vorhandensein des Luft/Luft-Lenkwaffensystems Phoenix. Die dazugehörige Feuerleitradaranlage AN/AWG-9 ermöglicht die gleichzeitige Erfassung von mehreren Luftzielen und die entsprechende gleichzeitige Lenkung mehrerer Phoenix-Flugkörper AIM-54A. Das gesamte F-14-Programm ist so teuer geworden, daß die Beschaffung dieses Typs zugunsten der angeblich preiswerteren F-18 Hornet begrenzt werden mußte.

Ein Prototyp der F-18A Hornet beim Erstflug, hier mit der Markierung der Navy, was nicht bedeutet, daß ihr die Maschine bereits unterstellt ist. Die Flugzeugwerke lieben es, zu Werbezwecken bereits im frühen Baustadium die Bezeichnung der Teilstreitkraft anzubringen. Um ein Drittel leichter und auch etwas schwächer in der Leistung als die F-14A ist die F-18 – ohne Phoenix-System – zusammen mit der F-14 dazu bestimmt, in den 80er Jahren die auslaufende F-4 Phantom II abzulösen. Die steigenden Kosten bewirken, daß das F-18-Programm zwischenzeitlich nicht preiswerter ist, als die leistungsfähigere F-14A. Eine parallel entwickelte Jagdbomberversion wird die Bezeichnung A-18 führen; sie wird zeitlich versetzt nach der beginnenden Auslieferung der F-18 die A-7 Corsair II ersetzen.

V/STOL-Flugzeuge

Der Buchstabe V steht bei der U.S. Seeluftwaffe stellvertretend für die Gattung aller V/STOL-Flugzeuge, also Senkrecht- und Kurzstreckenstarter. Erst am Präfix A, F, O, das vor das V gesetzt wird, kann man erkennen, ob ein V/STOL-Flugzeug als Jabo, Jäger oder Beobachtungsflugzeug Verwendung findet.

Es würde zu weit führen, wollte man im Rahmen dieses Buches auch nur annähernd die gesamte Problematik der amerikanischen Senkrechtstarter-Technologie abhandeln. An dieser Stelle möge es gestattet sein, in aller Kürze nur durch einige Kernsätze auf diese Problematik einzugehen.

☐ Der Bau der Super-Flugzeugträger, die nur mit konventionell startenden Flugzeugen (CTOL) operieren, wurde inzwischen fast unerschwinglich teuer. Etwas kleinere CTOL-Flugzeugträger kosten nicht viel weniger, weil sie neu entwickelt werden müssen, können dafür aber auch nur 50–60 % an CTOL-Maschinen aufnehmen.

☐ Um für das gleiche Geld mehrere kleinere Flugzeugträger zu erhalten – und dies zum Zwecke der Erhaltung der bisherigen Flugzeuganzahl – besteht als einzige Alternative die Verwendung von V/STOL-Maschinen.

☐ Die Lösung dieses Problems ist sehr eilbedürftig, da die U.S. Navy beschleunigt ihre veralteten bzw. in Modernisierungsprozessen gebundenen Träger ersetzen muß.

☐ Diesen Forderungen steht diametral die Tatsache gegenüber, daß es gegenwärtig – und voraussichtlich auch für das kommende Jahrzehnt – noch keine V/STOL-Maschinen gibt, die den gleichen Einsatzwert haben wie die gegenwärtigen CTOL-Flugzeuge der Super-Träger, ohne die die Aufrechterhaltung der Luftüberlegenheit gegenüber den Sowjets undenkbar ist.

☐ Die USA betreiben intensiv die Forschung und Entwicklung von V/STOL-Maschinen; die gegenwärtig zur Verfügung stehende Technologie reicht jedoch noch nicht aus, um rasch zufriedenstellende Resultate zu erzielen.

Soweit die Fakten.
Somit ist gegenwärtig gerade diese bisher so unbedeutende Flugzeuggattung Dreh- und Angelpunkt für die Zukunft der gesamten bordgestützten Seeluftwaffe samt ihrem fliegenden Inventar und den dazugehörigen Plattformen, den Flugzeugträgern.

Dieses Problem berührt jedoch nicht nur die Navy selbst, sondern – und dies aus viel aktuellerem Anlaß – die Luftwaffe des Marine Corps. Zur Ablösung der ersten Generation von VTOL-Flugzeugen (AV-8A Harrier) in drei Jabo-Staffeln (VMA) fordert das USMC dringend die Beschaffung von ca. 300 Erdkampfunterstützungsflugzeugen der weit verbesserten Version AV-8B. Das USMC hält dieses Flugzeug für seine eigenen Zwecke als geeignet, zumal durch dessen Verwendung in Frontnähe auf lange Start- und Landebahnen verzichtet werden kann. Zum Entsetzen der Navy und des Marine Corps wurden zunächst aus dem Etat 1980 alle Mittel für die Weiterentwicklung der AV-8B ausgeschlossen. Das Marine Corps hat sich daraufhin schon damit abgefunden, mit ihren schrumpfenden A-4M-Staffeln so lange haushalten zu müssen, bis etwa Mitte der 80er Jahre die A-18 auch an das USMC geliefert wird. Zum Glück entschloß sich die Carter-Regierung dann doch noch, Mittel für die AV-8B zu fordern, so daß das Marine Corps wieder Hoffnung auf diese Maschine hat.

Die AV-8A Harrier ist somit noch für einige Jahre der einzige aktive Senkrechtstarter des Marine Corps, dessen Bord-Kompatibilität auch ausreichend unter Beweis gestellt wurde, dessen Absturzzahlen beim Marine Corps jedoch beängstigend hoch sind, so daß entweder eine der drei Harrier-Staffeln aufgelöst oder aber die Anzahl der Maschinen je Staffel stark reduziert werden muß. Das Letztere wird noch vor Ende 1980 geschehen. Die OV-10 Bronco dagegen ist eine taktische Kurzstrekkenstartmaschine, deren Qualität bereits während des Vietnam-Krieges unter Beweis gestellt worden ist. Ihr Vorhandensein steht jedoch in keinerlei Zusammenhang mit der vorstehend angedeuteten Problematik. Die Bemühungen der U.S. Navy, selbst zu brauchbaren Lösungen zu kommen, erlitten einen empfindlichen Rückschlag, als 1978 die Entwicklung des „VTOL Type

A" definitiv eingestellt wurde, aus dem ein Unterschall-Senkrechtstarter entstehen sollte, der als Transport-, Radarwarn- und U-Jagdflugzeug vorgesehen war. Die Entwicklung des „VTOL Type B" zur Schaffung eines Überschalljägers geht zwar weiter, die Aussicht auf nutzbringende Erfolge ist jedoch bis jetzt nicht sehr ermutigend.

Während des letzten Mittelmeer-Einsatzes des inzwischen verschrotteten Flugzeugträgers *F. D. Roosevelt* (CV-42) erfolgte der erste operative See-Einsatz der Staffel VMA-231 des Marine Corps mit ihren Harriers auf einem konventionellen Träger, wobei der CTOL- und der VTOL-Betrieb parallel laufen mußte. Diese beiden Fotos wurden im März 1977 an Bord der FDR aufgenommen. Das obere Foto zeigt die Maschine des Staffelkapitäns, das untere eine weitere Maschine dieser Staffel. Während dieses Einsatzes erhielten die Harriers die Identifikationsbuchstaben NM des Geschwaders CVW-19. Bemerkenswert ist, daß während dieses Einsatzes die gesamte Staffel VMA-231 im Mittelmeer die FDR verlassen hat, um auf dem Luftwege den Hubschrauberträger *Guam* (LPH-9) zu erreichen, der sich zur gleichen Zeit vor der Ostküste Afrikas aufhielt. Später kehrten die Harriers wieder auf CV-42 zurück. Abgesehen von den zu hohen Absturzzahlen, die verschiedene Ursachen haben, muß man die Harrier als das sehen, was sie ist: eine brauchbare Erdkampf-Unterstützungsmaschine mit begrenzter Waffenlast und Reichweite. Mit den CTOL-Maschinen der Navy kann sie keineswegs konkurrieren; daher ist sie für die Zukunft zunächst nur als die beste aller mittelmäßigen Lösungen anzusehen.

Dieses Foto wurde 1978, während des Erstfluges des Prototyps der „Advanced Harrier", der YAV-8B, hier mit der Zuordnung zum Marine Corps, aufgenommen. Gegenüber der AV-8A verfügt diese Version über wesentliche Verbesserungen, so über verstärkte Tragflächen zur Beförderung doppelt so hoher Waffenlasten, über eine doppelt so große Reichweite, über ein von der A-4M Skyhawk entliehene Schrägabwurf-Bombenzielanlage (ARBS) und über die Fähigkeit, Flugkörper aufzunehmen.

Diese mit Tarnmuster versehene AV-8B der USMC-Staffel VMA-231 ist eine der beiden modifizierten AV-8A, die noch vor der Fertigstellung des Prototyps umgebaut worden sind. Es muß erwähnt werden, daß ein längerer Einsatz von Senkrechtstartern auf Flugzeugträgern die Vorhaltung von spezifischen Einrichtungen voraussetzt. Es erscheint daher nur recht und billig, wenn die Navy sich seit fast einem Jahrzehnt mit der Planung von „echten" VTOL-Trägern beschäftigt. Aus verschiedenen Gründen konnten diese Arbeiten noch zu keinem positiven Resultat führen. Die Briten waren die ersten, die für ihre Harriers drei VTOL-Träger (Invincible-Klasse) vorgesehen haben, von denen das Leitschiff 1980 einsatzfähig wurde.

34

Die OV-10D ist eine verbesserte Nachtkampfversion mit verbesserten Triebwerken und Nachtbeobachtungsgeräten. 18 ältere Broncos sollen auf diese Weise zu OV-10D modifiziert werden. Man beachte die Spezialantenne vorne, den Tarnanstrich, die Treibstoff-Zusatzbehälter und die Schnellfeuerkanonen-Anlage in der Kuppel an der Unterseite des Rumpfes.

◄ Für den „counter insurgency war" (COIN) – für den Buschkrieg – wurde seinerzeit die OV-10 Bronco geschaffen. Das Foto zeigt die erste Version dieses Typs, die OV-10A des Marine Corps, die sich bereits im Vietnam-Krieg bewährt hat. Zu jener Zeit hat sich auch die Navy dieser Maschine bedient, gegenwärtig wird sie aber nur beim USMC und bei der USAF geflogen. Dieses Flugzeug ist nicht bordfähig. Das Marine Corps erhielt insgesamt 118 Maschinen dieses Typs, von denen jedoch offensichtlich gegenwärtig nicht alle verwendet werden.

Beide Fotos zeigen den Prototyp der XFV-12A von Rockwell. Dieses Versuchsflugzeug ist der erste sichtbare Beweis dafür, daß die Luftfahrtindustrie für die Navy einen Überschall-VTOL-Jäger entwickelt. Bereits bis zum Stadium des Erstfluges gelangt, ergaben sich im Sommer 1978 „unerwartete Schwierigkeiten", so daß der Prototyp vorerst vom Testzentrum in das Herstellwerk zurückgebracht werden mußte. Im Urzustand ist die Maschine nur ca. 6,9 t schwer, sicher wird jedoch noch geraume Zeit vergehen, bis feststeht, welche Zuladung ein möglicher Nachfolgetyp wird mitführen können und ob er sich überhaupt für die Verwendung auf Flugzeugträgern eignen wird. Diese Versuche laufen parallel zu den Navy-Bemühungen, einen V/STOL Typ B zu entwickeln; diese Bemühungen brachten bislang noch keine sichtbaren Resultate. Bei der XFV-12A versucht man, die Kosten niedriger zu halten, indem man bereits vorhandene Rumpf-, Fahrwerk- und Lufteinlaß-Komponenten vorhandener Flugzeugtypen verwendet, so von der F-4 und von der A-4.

Bordgestützte Radarfrühwarnflugzeuge

Die ersten Bord-Radarwarnflugzeuge waren bei Ende des Zweiten Weltkrieges aus umgerüsteten Torpedomaschinen entstanden. Es waren dies TBM-3W Avengers. AF-2W Guardians folgten nach dem Kriege, dicht gefolgt von den Radarversionen der AD Skyraider (AD-3W), später -4W und -5W). Bereits wenige Jahre später gab es die ECM-Version AD-5Q. Beim Wechsel der Flugzeugbezeichnungen im Jahre 1962 wurde AD-5W zu EA-1E und die AD-5Q zu EA-1F. Diese beiden Versionen verblieben bei der Flotte bis in die 70er Jahre als Elektronik-Maschinen der kleineren Flugzeugträger des Typs *Essex*. Nachdem 1954 die U-Jagdmaschine S2F Tracker eingeführt wurde, bewirkten die guten Eigenschaften dieser Maschine die Entwicklung einiger Sonder-Versionen, unter denen sich auch zwei Elektronik-Flugzeuge befanden. Dies war einmal die EC-1A für Eloka-Aufgaben (eingeführt 1957) und dann die E-1B Tracer als Radarmaschine (eingeführt 1960). Auch diese Maschinen fanden bis in die 70er Jahre Verwendung auf Trägern der Typen *Essex* und *Midway*. Die rasche Entwicklung auf dem Gebiete sowohl der Flugzeug- wie auch der Ortungstechnologie machte jedoch die Entwicklung von größeren Spezialmaschinen für diese Zwecke notwendig. Das Resultat war die Einführung der E-2 Hawkeye, deren erste Version E-2A zur Flotte kam, um fortan auf den Superträgern eingesetzt zu werden. 1969 folgte dann die Version E-2B, ab 1972 E-2C, die inzwischen auf allen atlantischen sowie auf einem Teil der im Pazifik eingesetzten Träger eingeführt wurde.

Die Aufgaben der Radarfrühwarnmaschinen sind sehr vielseitig. Neben der eigentlichen Radaraufklärung dienen sie auch als Seeraum-Überwachungsflugzeuge und als fliegende Jagdleitzentralen. Obwohl die Gattungs-Bezeichnung E bei der U.S. Navy nur für diejenigen Flugzeuge zutrifft, die speziell für elektronische Aufgaben entworfen sind, gehören hierzu jedoch zweifellos auch die hoch-spezialisierten Eloka-Maschinen, die zum Kompliziertesten und Geheimsten gehören, was bei der U.S. Seeluftwaffe vorzufinden ist, die jedoch aus anderen, bereits vorhandenen Typen entwickelt wurden, so daß der Buchstabe E hier „nur" als Präfix vor dem Gattungsbuchstaben zu finden ist (wie gerade z.B. bei der EA-6A/B!). Der seinerzeitigen einmotorigen AD-5Q (EA-1F) und den zweimotorigen EC-1A und E-1B folgte ab 1969 auf den Angriffs-Trägern die aus vormaligen Atombombenträgern abgewandelten EA-3B Skywarrior. Diese Maschine konnte theoretisch auch auf den Trägern des Typs *Essex* starten und landen, wegen ihrer Größe jedoch nicht in den Hangars befördert werden. Die spätere, ab etwa 1967 eingesetzte Version EKA-3B operierte dann zunehmend von Landstützpunkten aus. Ihr folgten als Bord-Elokamaschine ab 1965 zunächst die EA-6A und ab 1969 die EA-6B, die eine Abwandlung der A-6 Intruder sind. Die EA-6A wird gerade beim Marine Corps durch die EA-6B ersetzt. Ohne die Prowlers und Hawkeyes sind heutzutage See/Luft-Operationen kaum denkbar.

Ein Blick zurück in die Vergangenheit: die E-1B Tracer, eine der ersten speziell für diesen Zweck konzipierten Bord-Radarmaschinen, ist zwischenzeitlich aus dem Bestand der Navy-Flugzeuge verschwunden. Es war die Bord-Maschine, die einen überaus schweren Radaraufbau mitführte. Bis zum ausreichenden Zugang des Nachfolgetyps E-2A war die Tracer von 1958 bis ca. 1964 Standard-Radarmaschine auf allen damals vorhandenen Trägern. Die E-1B war weniger von der S-2 Tracker als von der C-1A Trader abgewandelt. Alles in allem wurden 88 Maschinen dieses Typs fertiggestellt, der zuletzt nur noch auf den Trägern der Typen *Essex* und *Midway* eingesetzt worden war. Das vorliegende Foto wurde am 20. Juli 1961 über Japan aufgenommen. Es zeigt eine Maschine dieses Typs, die damals noch als WF-2 bezeichnet wurde und ab September 1962 die Bezeichnung E-1B erhielt. Sie gehörte der Staffel VAW-11 an.

Zwischen 1964 und 1967 wurden 62 E-2A Hawkeyes an die Navy abgeliefert. Dies war der größere und stark verbesserte Nachfolger der E-1B, der nun mit zwei Propellerturbinen ausgestattet war und auf den Trägern des Typs *Essex* nicht untergebracht werden konnte, weil er dafür zu groß war. Dieses etwa 1973 aufgenommene Foto zeigt die zweite Version E-2B der Hawkeye, die zu der auf CVA-67 *John F. Kennedy* stationierten Staffel VAW-125 gehört. Die E-2B unterschied sich äußerlich nicht von der E-2A, sie hatte lediglich eine neue Datenverarbeitungsanlage erhalten. Sämtliche E-2A wurden so ausgerüstet und dann als E-2B bezeichnet.

Die E-2 gehört seit 1964 zum Inventar aller Superträger sowie – gegenwärtig – des Trägers *Midway* (CV-41). In der Regel sind drei Maschinen dieses Typs auf jedem Träger zu beobachten, wo sie – wenn sie nicht gerade fliegen – ihren „Stammplatz" nahe der Insel haben. Auf diesem Foto, das am 21. April 1972 aufgenommen wurde, sieht man eine E-2B unmittelbar nach der Landung auf *John F. Kennedy* (CVA-67). Der Landehaken gab gerade das Bremsseil frei und der Besatzung wird signalisiert, daß die Maschine unter gleichzeitigem Hochklappen der Tragflächen zum Abstellplatz rollen kann.

Einen echten Fortschritt stellte dagegen der Wechsel von E-2B auf E-2C dar. Die E-2C wird seit November 1973 gebaut, gegenwärtig werden die letzten VAW-Staffeln auf E-2C umgerüstet. Diese Version erhielt gleich zwei neue Radaranlagen, verbesserte „Avionics" und Triebwerke sowie die Navigationsanlage CAINS (= Carrier Aircraft Inertial Navigation System). Weit über die ursprünglichen Aufgaben der Radarfrühwarnung stellt die E-2C gegenwärtig ein Flugzeug dar, mit dessen Hilfe Luftoperationen von Trägermaschinen aus geleitet werden können. Zusammen mit den EA-6B Prowlers sind dies die elektronisch am weitesten fortgeschrittenen Flugzeuge der U.S. Navy. Äußerlich unterscheidet sich die E-2C von der E-2B durch eine etwas spitzere Nase. Die enge Abhängigkeit der F-14A vom Leitsystem der E-2C ist im Einsatz so groß, daß dies seinen Niederschlag fand in der Zusammenfassung der VF- und der VAW-Staffeln in einem gemeinsamen landgestützten Geschwader.

Bordgestützte U-Jagdflugzeuge

Der Einsatz von Bordflugzeugen im Zweiten Weltkrieg bei der U-Bootbekämpfung bewirkte eine grundlegende Wendung des gesamten U-Bootkrieges. Die ersten von Bord größerer Träger (CV) und von Bord der wesentlich kleineren Geleitträger (CVE) zur U-Bootsbekämpfung eingesetzten Flugzeuge mußten sich damit begnügen, über Wasser fahrende U-Boote visuell zu sichten, um sie dann entweder mit Bomben und Bordwaffen zu bekämpfen oder sie zumindest so „unter Wasser zu drücken", daß sie geraume Zeit mit nur niedriger Geschwindigkeit operieren konnten und in ihrer Bewegungsfreiheit gehindert waren. Ab 1943 wurden dann die Vorteile der Radarortung auch bei den Flugzeugen genutzt. U-Boote konnten aus größerer Entfernung und Flughöhe durch Flugzeuge während der Überwasserfahrt geortet werden, ohne daß sie selbst zunächst von den U-Bootsbesatzungen gesichtet wurden. Der Überraschungseffekt wurde von den Flugzeugen genutzt und die Vorwarnzeit für die U-Boote verkürzt. Die ersten Nachkriegsmaschinen, die bei der U-Bootsbekämpfung eingesetzt wurden, waren abgewandelte Torpedomaschinen des Typs TBM-3S bzw. TBM-3W Avenger und die Angriffsmaschinen AF-2S bzw. AF-2W (Guardian), die jedoch ohne jegliche Spezialgeräte zur U-Bootsbekämpfung flogen. Um diese Weltkriegsmaschinen zu ersetzen und um zugleich einen bordgestützten Typ zu schaffen, der noch viel erfolgreicher gegen nicht allzutief getauchte U-Boote sowohl bei der Ortung als auch bei der Bekämpfung sein würde, startete die U.S. Navy am 30. Juni 1950 ein Entwicklungsprogramm, das letztlich in der S2F-Serie seinen Niederschlag fand. Die erste Serienmaschine, die später als S-2A bezeichnete Tracker mit Kolbenmotoren-Antrieb, wurde bereits 1954 den VS-Staffeln zugeführt. Seitdem war diese Maschine mit ihren zahlreichen Versionen – parallel zu den auf geringere Distanz wirkenden U-Jagdhubschraubern – Hauptträger der bordgestützten U-Jagd. Neben rund 100 für fremde Marinen hergestellen Exemplaren wur-

den mehrere hundert an die Navy geliefert, bei der sie 22 Jahre lang dienten, bevor die letzte Tracker 1976 die VS-Staffeln verließ.

Nachdem das Produktions-Fließband der S-2 ausgelaufen war, ergab sich die Notwendigkeit der Entwicklung und Beschaffung eines Nachfolgetyps, der außerdem den gesteigerten Anforderungen genügen sollte, zu denen die immer schneller fahrenden und tiefer tauchenden sowjetischen Atom-U-Schiffe zwangen. Diese Anforderungen betrafen nach wie vor die Notwendigkeit der größtmöglichen Reichweite gepaart mit den Langsamflug-Eigenschaften sowie die Integration der verbesserten Kampfsysteme – der Ortungsanlagen und der Waffen. Die ab 1968 durchgeführte Ausschreibung führte letztlich zur Entwicklung der S-3A Viking, von der in nur sechs Jahren (1970–1976) 179 erworben wurden, so daß gegenwärtig sämtliche noch vorhandenen VS-Staffeln diese Maschine fliegen. Waren die mit der Tracker – mit Ausnahme der letzten S-2-Versionen – ausgerüstete VS-Staffeln vornehmlich auf U-Jagdträgern (CVS) stationiert, so änderte sich dies nach der Einführung des sogenannten CV-Konzeptes, im Rahmen dessen jeder der großen Superträger (jetzt CV bzw. CVN) eine VS-Staffel mit zehn Maschinen an Bord hat, neben einer HS-Staffel mit 6 Hubschraubern des Typs SH-3H Sea King. Selbst unter der Annahme, daß noch weitere Versionen des Typs Viking folgen werden, wird die S-3 – wie auch ihre Vorgängerin S-2 – für lange Jahre die bordgestützte U-Jagdmaschine der U.S. Flugzeugträgerwaffe bleiben.

Aus der S-2 entstand seinerzeit – gewissermaßen als Nebenprodukt – die Bordkuriermaschine C-1 Trader. Es ist nicht auszuschließen, daß eine inzwischen schon flugerprobte COD-Version (COD = Carrier-on-board-delivery) der S-3A mit der Bezeichnung US-3A die Nachfolgerin der C-1 werden könnte, doch ist die letzte Entscheidung hierüber noch nicht gefallen.

22 Jahre lang war die S-2 Tracker das Standard-U-Jagdflugzeug der U.S.-Flugzeugträger. Dieses Anfang der 60er Jahre aufgenommene instruktive Foto einer S-2D (damals noch als S2F-3 bezeichnet) zeigt die Maschine von unten, mit geöffnetem Bombenschacht. Bemerkenswert sind die beiden Motoren-Gondeln, der starke Suchscheinwerfer unter der Steuerbordfläche, der kreisrunde Umriß des hier nicht ausgefahrenen Radoms, der kaum sichtbare Fanghaken und der ebenfalls eingezogene MAD-Baum (MAD = Magnetic Anomaly Detection), mit dessen Hilfe Unregelmäßigkeiten im Magnetfeld der Erde festgestellt und gemessen werden und somit auch auf die Anwesenheit eines Unterseeschiffes geschlossen werden kann. Mindestens sechs U-Jagdtorpedos sind zu erkennen, vier als Außenlast, zwei weitere im hier geöffneten Waffenschacht. Nach dem Ausscheiden aus den aktiven Staffeln wurde ein Teil der verbliebenen S-2 den Reserve-VS-Staffeln der Reserve-Geschwader CVSGR-70 und CVSGR-80 zugeteilt. Nachdem diese beiden Geschwader nach nur sechsjähriger Aktivität Mitte 1976 aufgelöst bzw. umorganisiert wurden, verschwanden mit den letzten VS-Staffeln auch die letzten Trackers aus dem Navy-Inventar.

Nach Erreichen der Frontreife wurden innerhalb relativ kurzer Zeit die noch verbliebenen VS-Staffeln mit der S-3A Viking aufgefüllt. Dieses am 27. Februar 1975 aufgenommene Foto zeigt einen „touch-and-go"-Anflug einer zu VS-21 gehörenden S-3A auf CV-67 *John F. Kennedy,* bei dem der Fanghaken nicht ausgefahren wird. Das Flugzeug berührt zwar das Landedeck als wollte es landen, der Pilot gibt dann jedoch Vollschub und das Flugzeug startet erneut über das Schräg-Landedeck. Hierdurch werden Durchstartmanöver geübt, die dann notwendig werden, wenn der Fanghaken aus irgendwelchen Gründen keines der quergespannten Bremsseile fassen kann.

Wie ihre Vorgängerin, so ist auch die S-3A ein Hochdecker. Die Triebwerks-Gondeln hängen unter den Tragflächen. Die MAD-Ortungs-Antenne ist hier voll ausgefahren. Die Maschine gehört der Staffel VS-22 an und operiert im Rahmen des Geschwaders CVW-3, das auf USS *Saratoga* (CV-60) stationiert ist. Das Foto muß etwa 1977/78 aufgenommen worden sein. An der Bug-Nummer 610 ist zu erkennen, daß VS-22 die sechste Staffel innerhalb des Geschwaders ist und es sich hier um die erste Maschine der Staffel handelt.

Die Firma Lockheed hat sich ernstlich darum bemüht, die Bord-Kurierflugzeug-Variante der Viking, die US-3A, als Nachfolgerin für die abgewirtschafteten und verbrauchten C-1 Traders bei der Navy unterzubringen. Das Foto zeigt den Prototyp dieser Version beim Erstflug am 6. Juli 1976. Die Navy beabsichtigt, 30 COD-Maschinen zu erwerben. Aus lokal-politischen Gründen ist jedoch noch nicht klar, ob es sich dabei um die US-3A handeln wird. Eine Reihe Kongreß-Mitglieder fordert die Beschreitung des umständlicheren, zeitraubenderen und kosten-trächtigeren Weges der öffentlichen Ausschreibung. Die US-3A würde – neben zwei Mann Besatzung – eine Kapazität von sechs Passagieren und 2 100 kg Fracht haben. Ein Teil der Fracht würde in zwei Außenbehältern mit je 450 kg Fassungsvermögen befördert werden. Die Reichweite beträgt 5 360 km. Die Maschine kann in der Luft betankt werden. Im Gespräch sind außerdem Tanker- und ECM-Versionen der S-3.

Fernaufklärer

Was die U-Jagdflugzeuge der VS-Staffeln von Bord der Flugzeugträger besorgen, dafür sind die landgestützten VP-Maschinen ebenfalls zuständig: Überwachung, Ortung und Bekämpfung gegnerischer U-Schiffe. Darüberhinaus jedoch überwachen VP-Maschinen auch in Friedenszeiten den gesamten Überwasser-Seeverkehr und insbesondere die Bewegungen der Kriegsschiffe des potentiellen Gegners. Frei von den Beschränkungen der Bord-Kompatibilität sind VP-Maschinen größer, sie fliegen höher und weiter und können eine größere Nutzlast an Waffen und Sensoren mitführen.

Diesen landgebundenen Fernaufklärern, zu denen bis 1967 auch amphibische Flugzeuge gehörten (zuletzt die P-5 Marlin), oblag schon während des Zweiten Weltkrieges die Überwachung der weiten Meeresflächen. Im Zeitalter der mit weitreichenden Schiff/Schiff-Flugkörpern ausgestatteten sowjetischen Lenkwaffen-Kreuzer, VTOL-Träger und U-Schiffe ist eine möglichst lückenlose Überwachung des Schiffsverkehrs des potentiellen Gegners oberstes Gebot; die relativ große Anzahl von aktiven und von Reserve-VP-Staffeln zeugt von der Notwendigkeit der See-Überwachung überall dort, wo es amerikanischen Fernaufklärern gestattet ist, Stützpunkte zu unterhalten. Die Bermudas, Island, Süd-Spanien, Sizilien, Kreta, das sind alles ebenso Zentren der VP-Aktivitäten wie die amerikanische Ostküste oder Hawaii und Japan im pazifischen Raum.

Der vorletzte Typ des Navy-Fernaufklärers war die P-2 Neptune. Wie langlebig und erfolgreich dieser Typ gewesen war, geht schon aus der Tatsache hervor, daß erste Konstruktions-Überlegungen der Fa. Lockheed für diesen Typ auf das Jahr 1941 zurückgehen. Der Prototyp flog erstmalig im Mai 1945, gefolgt von zahlreichen Versionen, die stets verändert und verbessert wurden, die außerdem letztlich nicht nur für den Fernaufklärer-dienst und die U-Bootsbekämpfung bestimmt waren. In den meisten der 19 VP-Staffeln wurden die letzten Versionen der P-2 (SP-2E und SP-2H) bis 1966 innerhalb von zwei Jahren durch die modernere P-3A Orion ersetzt. 1979 dagegen gibt es immer noch SP-2H in einigen wenigen der Reserve-VP-Staffeln, ganz zu schweigen von Sonder-Versionen, die im Bildteil im einzelnen vorgestellt werden. Diese letzten Versionen der P-2 erhielten für Liebhaber von Marine-Flugzeugen ihren zusätzlichen Reiz dadurch, daß sie – neben ihrer wohlgefälligen Form – außer den beiden Kolbenmotoren noch zwei zusätzliche Strahltriebwerke besaßen, eine Antriebsanordnung, die den Maschinen besondere Flugsicherheit verlieh.

Diese Triebwerkanordnung wurde von dem Nachfolge-Typ P-3 Orion nicht übernommen. Der Ersatztyp für die Neptune wurde 1957 initiiert und die ersten Serien-P-3A kamen Mitte 1962 in die VP-Staffeln. Gegenwärtig werden alle P-3a und P-3B durch die P-3C und deren nochmals verbesserte Variante P-3C „Update II" ersetzt. Dabei gelangen etliche P-3A- und P-3B-Maschinen zu den Reserve-VP-Staffeln der Naval Reserve Force (NARF). Desgleichen eignet sich die Orion wegen ihrer besonders ausgeprägten Langflugeigenschaften zu Umbauten für besondere Zwecke; die Sonderversionen werden im Bildteil vorgestellt. Die Orion ist zugleich ein Export-Erfolg geworden. An die Luftstreitkräfte Spaniens, der Niederlande, Australiens, Neuseelands, Norwegens, Japans, Kanadas und des Iran wurden bzw. werden noch verschiedene Versionen geliefert. Aber auch bei der U.S. Navy hat die P-3 die besten Aussichten, bis in die 90er Jahre Fernaufklärer zu bleiben, nicht zuletzt deswegen, weil die Entwicklung eines Nachfolgetyps P-7 (damalige Arbeitsbezeichnung VPX) 1977 verschoben wurde.

Der letzte Fernaufklärer der vergangenen Generation ist die SP-2H Neptune. Dieses Foto entstand etwa zu Beginn der 60er Jahre und zeigt die P-2 mit allen ihren Besonderheiten: Freisicht-Bugkanzel, Zusatz-Strahltriebwerke und Außentanks, Such-Scheinwerfer, Radom an der Unterseite, verlängertes Heck zur Aufnahme der MAD-Ortungsantenne. Außer der Bezeichnung NAVY findet man keinerlei Kennzeichen an Rumpf und Seitenleitwerk. Zu jener Zeit waren die oberen Flächen des sonst blauen Rumpfes weiß angestrichen, um den Einfluß der Strahlungshitze der Sonne auf die Besatzung zu mildern. Später wurde zwar die weiße Oberfläche beibehalten, der dunkelblaue Anstrich jedoch durch einen hellgrauen ersetzt. Die wenigen noch bei den Reserve-VP-Staffeln fliegenden Neptunes werden bis Anfang der 80er Jahre ausgesondert und durch die ersten Versionen der P-3 Orion ersetzt.

Einzelne Sonderversionen der Neptune findet man gegenwärtig noch in Mehrzweckstaffeln der Navy, so diese DP-2E, die als „Mutterschiff" für Zieldrohnen des Typs BQM-34 Firebee noch bei der Staffel VC-5 Dienst tut. Hier fehlt achtern die Verlängerung der Rumpfes. Die Tragflächen sind zum Zwecke der besseren Sichtbarkeit gelb und das Seitenleitwerk ziegelrot angestrichen. Je zwei Drohnen werden unter den Tragflächen mitgeführt und in großer Höhe „freigelassen".

Eines der ersten Exemplare der P-3A Orion, noch ohne die Serien-Nummer („BUNO") und andere Kennzeichen: vier Propeller-turbinen mit insgesamt viel mehr Leistung als der kombinierte Antrieb der Neptune; extrem verlängerter Rumpf mit MAD-Or-tungsantenne; Suchscheinwerfer unter der rechten Tragfläche. Infolge zunehmender Verwendung von Ortungsanlagen wird auf visuelle Beobachtung offensichtlich kein so großer Wert mehr gelegt, daher fehlt die Sichtkanzel vorne. Inzwischen hat die letzte P-3A die aktiven VP-Staffeln verlassen und die meisten der Reserve-VP-Staffeln erhielten bereits die P-3A.

Diese P-3B wurde am 10. Juni 1975 im Stützpunkt Brunswick, Maine, aufgenommen. Sie gehört zur Staffel VP-8. Mit nur 125 für die Navy produzierten Maschinen dieser zweiten, mit et-was stärkeren Triebwerken ausgestatteten Maschinen dürften kaum mehr als zehn VP-Staffeln ausgerüstet worden sein, denn inzwischen wurde die P-3C eingeführt. Australien, Neu-seeland und Norwegen erhielten insgesamt etwa 20 Maschin-en dieser Version.

Die P-3C ist der gegenwärtige Standard-Fernaufklärer der VP-Staffeln, der 1979 in mindestens 16 VP-Staffeln geflogen wur-de. Hervorstechend ist hier die Verbesserung der operativen Bedingungen durch die Einbeziehung der 1969 eingeführten Datenverarbeitungsanlage A-NEW. Die abgebildete Maschine führt die Identifikationsbuchstaben PE der Staffel VP-19.

Ohne daß hier eine ganz neue Version entstand, verbesserte man die P-3C noch weiter und nannte sie danach P-3C „Update II". Bis Mitte 1979 wurde die letzte P-3A-Staffel sowie noch eine andere mit den „Updates" aufgefüllt. Die Verbesserungen schließen die Verwendung moderner Avionik und die Fähigkeit ein, Harpoon-Flugkörper zu starten. Äußerlich sind zur Original-P-3C keine Unterschiede festzustellen.

Zwölf P-3A wurden Mitte der 60er Jahre zu Elektronik-Maschinen EP-3E umgebaut; zwei davon wurden zunächst als EP-3B bezeichnet, später modifiziert und umbenannt. Das Foto zeigt eine EP-3B mit dem damals üblichen blau-weißen Anstrich. Typisch sind hier die zur Aufnahme elektronischer Sensoren bestimmten Verstärkungen an Ober- und Unterseite des Rumpfes, sowie das Rumpf-Radom in Höhe der Propellerturbinen. Die MAD-Antenne fehlt hier offentsichtlich. Soweit bekannt, operieren EP-3E in den beiden Flottenerkundungsstaffeln VQ-1 und VQ-2. Zum Unterschied von den dort ebenfalls untergebrachten EA-3A Skywarriors können sie jedoch nicht auf Trägern landen. Diese wie jene führen jedoch normalerweise während der Einsatzperiode keine Identifikationsbuchstaben (PR bzw. JQ) am Seitenleitwerk.

Nach der Produktion von vier Wetterbeobachtungsmaschinen der Version WP-3A wurden 1975 zwei Maschinen als WP-3D fertiggestellt. Diese Maschinen wurden zwar von der Navy besorgt, sie unterstehen jedoch dem Handelsministerium und werden von
der „National Oceanic and Atmospheric Administration" (NOAA) betrieben, einer Behörde, die auch über Schiffe mit eigenen
Besatzungen verfügt, deren Uniformen und Dienstgrade denjenigen der Navy ähneln. Die WP-3-Maschinen sind mit Spezial-
geräten für atmosphärische Forschungen ausgestattet.

Einzelexemplar ihrer Art blieb die P-3C, die 1972 als RP-3D fertiggestellt wurde, um bei Erforschungsflügen zur Messung des
Magnetfeldes der Erde eingesetzt zu werden. Sie stellte dabei im November 1972 einen ersten Fernflugrekord für Turboprop-
Maschinen auf, indem sie – ohne nachgetankt zu werden – vom Bundesstaat Maryland bis zum magnetischen Nordpol flog und
dabei ca. 10 100 km zurücklegte. Sie ersetzte danach die C-121 Super Constellation, die bis zu dieser Zeit beim „Project Magnet"
engagiert war. Die RP-3D gehört zur Sonderstaffel VX-8.

Transportflugzeuge

Die Geschichte der Navy-Transportstaffeln ist so wechselhaft wie die Geschichte der U.S. Navy selbst. In Kriegszeiten war der Transportbedarf stets groß, so gab es eine entsprechend hohe Anzahl von Transportstaffeln. Sie werden in den letzten Jahren als VR- bzw. VRC-Staffeln bezeichnet. Die Aufgabenbereiche dieser beiden Staffeltypen überschneiden sich teilweise, doch kann generell gesagt werden, daß die VRC-Staffeln vornehmlich Flugzeuge abstellen, die Verbindung halten zwischen ihren Landstützpunkten und den in See befindlichen Flugzeugträgern, wohin sie Post, leichte Fracht, Urlauber, Besucher und Kommandierte befördern. Die – zumeist doch größeren – Transportmaschinen der VR-Staffeln dagegen besorgen den Fracht- und Personaltransport zwischen den inneramerikanischen Stützpunkten oder zwischen den USA und Übersee. In den letzten Jahren gingen in diesem Bereich manche Kompetenzen von den aktiven Navy-Staffeln auf die Reserve-Staffeln sowie auch auf das „Military Airlift Command" (MAC) der U.S. Air Force über.

Die U.S. Navy ist personell geschrumpft, somit ist der Bedarf an Transportkapazität geringer geworden. Das wirkt sich so aus, daß bei den Neuanschaffungen der Trend eher in Richtung kleinerer, leichterer und wirtschaftlicherer Maschinen geht, während früher zum größten Teil größere – auch viermotorige – Flugzeuge mit zahlreichen Personensitzen oder mit geräumigen Ladeflächen gefragt waren. Den Anschluß an die Jet-Ära fanden die Navy, danach auch das Marine Corps und die Küstenwache erst relativ spät. 1973 wurde die Zivilmaschine DC-9 „navalisiert" und als C-9B Skytrain II eingeführt. Bis dahin schöpfte man lange Jahre aus dem riesigen Vorrat an Transportmaschinen aus der Kriegs- und Nachkriegszeit. Manches dieser Flugzeuge war länger als 35 Jahre im Dienst.

Transport- und Frachtmaschinen, die hier allesamt unter dem Gattungsbuchstaben C zusammengefaßt sind, gibt es nicht nur im Rahmen der VR- und der VRC-Staffeln. Vielmehr ist es so, daß

☐ zahlreiche Stützpunkte, Seeluftwaffenstationen, Waffenschulen, Erprobungszentren, Sonderstaffeln, Versuchsstaffeln usw. über einzelne oder mehrere Transportflugzeuge verfügen, so daß ein lückenloser Nachweis aller geflogenen Typen und Versionen recht schwierig ist. In manch einer Ecke eines Stützpunktes findet man noch Maschinen, von denen man fest überzeugt war, daß sie längst aus dem Verkehr gezogen sind,

☐ auch die Stäbe des Marine Corps und die Luftwaffe der Küstenwache ihre eigenen Transportflugzeuge haben, die – insbesondere bei der USCG – auch anderen als reinen Transportaufgaben dienen, – letztlich auch bei der Navy noch Sonderversionen einiger Typen fliegen, die lediglich noch ihrer Abstammung wegen der C-Gattung zugeschrieben werden, während die vorangesetzten Präfix-Buchstaben erst deutlich machen, daß es sich um Sondermaschinen handelt. Diese findet man denn auch häufig außerhalb der eigentlichen Transportstaffeln, nämlich in Sonder-, Kampftrainer- und Schulstaffeln. Im nachfolgenden Bildteil werden all diejenigen Transportflugzeuge vorgestellt, von denen mit Gewißheit Exemplare bei einer der drei hier angesprochenen Teilstreitkräfte (Navy, USMC, USCG) vorhanden sind. Nicht auszuschließen ist, daß vereinzelt noch wenige Maschinen älterer Typen vorhanden sind.

Die C-2A Greyhound ist eine Passagier-/Transportversion der E-2 Hawkeye, mit der sie die Trägerflächen und den Antrieb gemein hat. Der Rumpf wurde geändert; achtern befindet sich ein Tor mit Laderampe. Die C-2A wurde nicht als Ersatz sondern als Ergänzung zur C-1A eingeführt. Es kann vermutet werden, daß die Leistungen nicht zur vollsten Zufriedenheit ausgefallen sind, da nach knapp 25 Exemplaren die Produktion eingestellt wurde, unter Stornierung der letzten Bestellung. Die vorhandenen Maschinen sollen einer Verbesserungsprozedur unterzogen werden. ▶

Eine C-1A Trader landete auf einem Flugzeugträger. Nach der „triple-nuts"-Bugnummer zu urteilen, handelt es sich hier nicht um eine COD-Maschine aus einer VRC-Staffel, sondern um die zum „Air Department" des Trägers gehörende Bord-Kuriermaschine. Somit gehört diese C-1 nicht zum Träger-Flugzeuggeschwader selbst. Seit 25 Jahren ist die C-1A die Standard-Kuriermaschine der Flugzeugträger. 87 Exemplare dieser Version wurden gebaut; vier von ihnen stellten seinerzeit insofern eine Interimslösung dar, als sie zu Eloka-Zwecken modifiziert und als EC-1A bezeichnet wurden. – Man beachte die mit wenigen Strichen bewerkstelligte lustige Bemalung der Flugzeugnase.

Diese C-1A wurde am 21. April 1972 beim Katapultstart auf CVA-67 *John F. Kennedy* aufgenommen. Sie gehört der Transportstaffel VR-24 in Neapel an und nicht etwa dem „Air Department" des Trägers selbst, wie das gelegentlich auf anderen Trägern der Fall ist. Zahlreiche Maschinen der Navy und des Marine Corps, die von Stützpunkten außerhalb des amerikanischen Kontinents eingesetzt werden, führen die amerikanische Nationalflagge am Seitenleitwerk. Es ist notwendig zu wissen, daß die C-1A auch ohne Katapulthilfe von einem Träger starten kann. Vom achtern Teil des Landedecks aus startet sie über das kürzere Schräglandedeck. Neun Passagiere können transportiert werden sowie zusätzlich etwas Fracht. Die Passagiere sitzen mit dem Rücken zur Flugrichtung.

Aus der Zivilmaschine Gulfstream I von Grumman wurden die beiden Versionen entwickelt, die vom Typ C-4 bei der Navy bzw. bei der Küstenwache eingeführt sind. Das vorliegende Foto zeigt eine TC-4C Academe. Seit 1967 wurden neun dieser „fliegenden Klassenzimmer" geliefert, die eine Intruder-Nase haben, mit allen in dieser Maschine ebenfalls befindlichen Instrumenten zur Schulung der später in A-6-Staffeln eingesetzten Bombenschützen/Navigatoren.

Die andere Version der Gulfstream I ist die bei der Küstenwache eingesetzte Stabs- und VIP-Reisemaschine VC-4A. Das abgebildete Flugzeug mit der Seriennummer 02 ist auf dem USCG-Stützpunkt Washington stationiert. Bemerkenswert ist, daß die Küstenwache nicht nur ihre Schiffe, sondern auch die Flugzeuge und Hubschrauber durch die grellroten Streifen leichter erkennbar gestaltet. Diese Aufnahme entstand am 23. März 1973.

Mit den Identifitkationsbuchstaben RW der Transportstaffel VR-30 präsentiert sich hier eine C-9B Skytrain II, das vorerst einzige strahlgetriebene Transportflugzeug der U.S Navy. Die Maschine wird seit 1973 jährlich in einigen Exemplaren an die Navy, an die NARF und inzwischen vermutlich auch an das Marine Corps geliefert. Bei der USAF wird die gleiche Maschine als C-9A geflogen und im Kriegsfalle als Verwundeten-Transportflugzeug benutzt.

Am 23. März 1973 entstand
diese Aufnahme von zwei
Stabs-Reisemaschinen der
Küstenwache. Im Hinter-
grund die bereits bekannte
und vorne abgebildete VC-
4A, im Vordergrund die
einzige VC-11A, die aus der
Zivilmaschine Gulfstream
II entwickelt wurde. Wie
die VC-4A dient auch sie
(Seriennummer 01) als Rei-
semaschine für den Kom-
mandanten der USCG und
VIPs des Transportministe-
riums.

Vielseitig soll die UC-12B
der Navy und des Marine
Corps verwendet werden.
An erster Stelle wird diese,
ab Ende der 70er Jahre eingeführte Militärversion der
Beechcraft Super King Air
als leichtes Transportflugzeug statt der früheren,
schwereren Maschinen
C-4, C-118 und C-131 eingesetzt. Denkbar ist auch der
Einsatz als leichter unbe-
waffneter Fotoaufklärer, als
Kuriermaschine, als Funk-
verbindungsflugzeug mit
beschränkter Eloka-Kapa-
zität und als Verwundeten-
Transportflugzeug.

Nur noch einige wenige Expemplare dürften von der alten, hier so glänzend dargestellten Transportmaschine VC-118B Liftmaster im aktiven Dienst sein. So große Transportflugzeuge sind bei der kleiner gewordenen Navy immer weniger gefragt; man gibt daher wirtschaftlicheren Maschinen, wie der UC-12B, den Vorzug.

Die universal einsetzbare C-130 Hercules mit ihrer relativ kurzen Startstrecke findet man nicht nur bei der USAF, sondern auch bei der Navy, beim Marine Corps und bei der Küstenwache in zahlreichen Versionen. Hier abgebildet ist eine Drohnen-Transportmaschine der Version DC-130A aus der Sonderstaffel VC-3 mit drei Zieldrohnen des Typs BQM-34 unter den Tragflächen.

Auch von der C-121J, der „navalisierten" Super Constellation von Lockheed und ihrer Abwandlung EC-121K – mit Sonarwulst auf dem Buckel – sind die letzten Exemplare Ende der 70er Jahre ausgesondert worden.

Die beiden Hercules-Versionen HC-130B (oben) und HC-130H (darunter) werden bei der Küstenwache als Seenotrettungs- bzw. Überwachungsmaschinen verwendet.

Die drei Transport- und Betankungsstaffeln des Marine Corps (VMGR) sind jeweils einem „Marine Air Wing" (Geschwader des USMC) zugeteilt. Sie sind mit der Tankerversion KC-130F bzw. KC-130R ausgestattet. Hier sieht man eine Maschine dieses Typs beim Abheben mit Hilfe zusätzlicher Raketen-Booster. Das Flugzeug führt die Identifikationsbuchstaben QD der Staffel VMGR-152.

JD sind die Identifikationsbuchstaben der Sonderstaffel VXE-6, eines Verbandes, der speziell zur Unterstützung der jährlich stattfindenden Navy-Expedition „Deep Freeze" in die Antarktis unterhalten wird. Das Foto zeigt eine LC-130R aus dieser Staffel, zusätzlich ausgestattet mit Kufen zur Landung auf dem antarktischen Eis.

Dies ist die scherzhaft „Fat Albert" genannte KC-130F des Marine Corps, die derzeitig zur Navy-Show-Staffel „Blue Angels" abgestellt ist.

Von strategischer Bedeutung sind die Nachrichtenverbindungs-Flugzeuge der Version EC-130Q, die im Rahmen der beiden Flotten-Erkundungsstaffeln VQ-3 und VQ-4 fliegen. Je eine Maschine dieser beiden Staffeln ist stets in der Luft und dient u.a. als Funk-Relaisstation für die lange in See weilenden strategischen Unterseeschiffe mit Poseidon- bzw. Trident Flugkörpern (SSBN). Die abgebildete Maschine führt die Buchstaben der Staffel VQ-4. Sie ist Haupt-Bestandteil des sog. TACAMO-Programms (TACAMO = „Take charge and move out").

Die einzige EC-130E der Küstenwache ist hier auf einer älteren Aufnahme zu sehen, festzustellen an der nicht mehr aktuellen Bemalung. Dieses Flugzeug dient der Kalibrierung der LORAN-Stationen der Küstenwache.

Am 6. April 1977 wurde dieses Foto einer HC-131A Samaritan aufgenommen. Dieser Typ wird höchstwahrscheinlich nur noch bei der Küstenwache geflogen. In den Nachkriegsjahren gehörte diese Militärausführung der Zivil-Passagiermaschine Convair 440 zu den meistgeflogenen Transportflugzeugen der U.S. Navy, neben den Typen C-47 und C-117 Skytrain I.

Mehrzweck- und Hilfsdienstflugzeuge

Unter dem Gattungsbuchstaben U (für „utility") sind diejenigen wenigen Flugzeugtypen zusammengefaßt, deren Verwendung nicht klar zu umreißen ist, die man demzufolge bei verschiedenen Aufgaben nutzbringend einsetzen kann. Bei der Navy selbst ist diese Gattung inzwischen mangels Flugzeugen ausgestorben, nur bei der Küstenwache findet man das uralte, allerletzte Wasserflugzeug aller hier behandelten Teilstreitkräfte, die U-16 Albatross, und die gerade in Einführung befindliche U-25 Guardian.

Dieses am 28. April 1961 aufgenommene Foto zeigt eine amphibische HU-16E Albatross, die damals als UF-2G bezeichnet wurde. Das Flugzeug führt noch die alte grau-rote Bemalung. Beachtenswert sind hier das hochgeklappte Fahrwerk zum Rollen an Land sowie die beiden Treibstoff-Zusatztanks.

Dies ist eine HU-16E mit der gegenwärtig gültigen Markierung der Küstenwache. Das besondere an dieser Maschine ist die unter den Seitenfenstern sichtbare Anlage zur Erfassung und Überwachung von durch Öl verschmutzten Seeflächen, über die regelrechte Karten angelegt werden. Die Albatross hat sich in den drei Jahrzehnten seit ihrer Einführung in mannigfaltiger Weise bewährt, und es erscheint unverständlich, weswegen die Navy und die Küstenwache auf die Verwendung von amphibischen Flugzeugen so vollständig verzichten wollen. Gerade bei Seenotfällen fern von Küsten sind diese Maschinen, deren Reichweite viermal so groß ist, wie die der in Dienst befindlichen Rettungshubschrauber, wegen ihrer Wasserungsmöglichkeit von großem Wert.

Die HU-25A Guardian, die ab Anfang der 80er Jahre bei der Küstenwache eingeführt werden soll, stellt eine preiswerte und wirtschaftliche Alternative zur auslaufenden HC-131A dar. Deren Reichweite wird allerdings auch nur halb so groß sein, wie die der Samaritan.

Schulflugzeuge

Die Schulung* ihrer Flugzeugbesatzungen und jener des Marine Corps betreibt die U.S. Navy in eigener Regie. Zur Zeit gibt es sechs „Training Wings", Schulgeschwader mit insgesamt 18 Schulstaffeln (VT-Staffeln). Bei der gesamten Schulung von Piloten und übrigen Besatzungen kann man grob unterscheiden zwischen der
☐ Grundschulung,
☐ Fortgeschrittenen-Schulung und
☐ Spezialschulung.

Sämtliche Pilotenanwärter müssen zunächst die Grundschulung auf Flugzeugen durchlaufen, ebenso die späteren Hubschrauberpiloten. Die Grundschulmaschinen sind klein, robust und zunächst mit Propeller- bzw. Turboprop-Antrieb ausgestattet. Die viele Jahre aktiven Versionen der T-28 Trojan und der T-34 Mentor wurden allesamt bis Ende der 70er Jahre durch die T-34C abgelöst, die bei manchen fremden Luftstreitkräften sogar zum Teil als leichte Kampfmaschinen verwendet wird. Als erste Fortgeschrittenen-Maschine dient bei den VT-Staffeln die T-2C Buckeye, ein Strahlflugzeug, das speziell für diesen Zweck entworfen wurde. Im weitern Verlauf der Fortgeschrittenen-Schulung kommen dann aber auch noch echte Kampfmaschinen zum Einsatz, auf die im einzelnen bereits hingewiesen wurde, so u.a. die TA-4F, TA-4J. Aus den VT-Staffeln verschwunden sind inzwischen die früheren Schulmaschinen diverser Grundtypen, so die TF-9J Cougar, die T-29B, TC-117D Skytrain, EC-121 Super Constellation, S-2F Tracker. Die letzte TS-2A Tracker verließ im Frühjahr 1979 die Staffel VT-28; sie wird generell durch die neue, wiederum

kleinere und wirtschaftlichere T-44 abgelöst. Die künftigen Hubschrauberpiloten sollen demnächst in einer Heeresfliegerschule spezialisiert werden.

Die Spezialschulung der Flugzeugbesatzungen bestimmter Kampfflugzeugtypen erfolgt dann in den Kampftrainer-Staffeln der Navy und des Marine Corps, die oft zugleich auch Ausbildungs- und Ersatzstaffeln sind. Für fast jede wichtige Flugzeuggattung bzw. für jeden wichtigen Typ werden eine oder mehrere Kampftrainerstaffeln unterhalten, z.B.
☐ VAW-110 und 120 für die E-2 Hawkeye,
☐ VAQ-129 für die EA-6B Prowler,
☐ VA-42 und 128 für die A-6 Intruder,
☐ VA-122 und 174 für die A-7 Corsair II,
☐ VF-45 für die Jäger-Waffenschulung und Feind-Darstellung,
☐ VF-101, 121 und 124 für die F-4 Phantom II und für die F-14A Tomcat,
☐ VP-30 und 31 für die P-3 Orion,
☐ VS-30 und 41 für die S-3 Viking
usw.

Die Kampftrainer-Versionen werden nicht zu den eigentlichen Schulmaschinen gezählt; sie wurden daher bei ihren dazugehörigen Gattungen und Typen bereits vorgestellt.

---

* Siehe hierzu auch den vom Autor dieses Buches verfaßten Beitrag „Ausbildung der Fliegeroffiziere in der amerikanischen Seeluftwaffe" in Nr. 7/1973 der MARINE-RUND-SCHAU

Mitte der 50er Jahre wurde diese T-28B aufgenommen. Fast 25 Jahre lang war die Trojan neben der T-34 Mentor die Grundschulmaschine der Navy, bevor sie bis 1979 ausgesondert wurde. In den 60er Jahren gab es sogar bei den Kampftrainerstaffeln (z.B VA-122) Maschinen dieses Typs. Nicht ausgeschlossen ist, daß einige Exemplare noch bei Stabsstaffeln des Marine Corps fliegen.

Die erste nagelneue T-2C, aufgenommen Ende 1968 auf dem Werksgelände der Hersteller-Firma. Die Seriennummer ist bereits angebracht, noch nicht jedoch die Zahlen/Buchstaben-Kombination einer VT-Staffel. Über 230 Maschinen dieser Version wurden an die Navy geliefert. Die Version T-2B soll sich ebenfalls noch bei den Schulstaffeln befinden. 12 Maschinen des Nachfolge-Modells T-2D wurden nach Venezuela exportiert und 32 T-2E nach Griechenland.

Seit 1976 werden insgesamt 252 zweisitzige Grundschulmaschinen der Turboprop-Version T-34C Mentor beschafft, die von der T-34B durch die spitzere Nase zu erkennen ist. Die abgebildete Maschine führt noch keine Identifikationsbuchstaben einer VT-Staffel.

Unter anderem in den Staffeln VT-28 und VT-31 wurde die T-44A eingeführt, um die dort auslaufenden TC-117 und die TS-2A abzulösen. Diese beiden Staffeln sind auf Transportflugzeug- und Luftnavigationsschulung (VT-28) wie auch auf U-Jagdflugzeug-Schulung (VT-31) spezialisiert. Die T-44A hat bislang noch keinen Navy-Namen erhalten.

Das am 15. Mai 1976 aufgenommene Foto zeigt die CT-39D Sabreliner des Kommandeurs des Stützpunktes North Island. Einige Maschinen dieses Typs befinden sich als leichte Passagierflugzeuge bei den Transportstaffeln der Navy, der größte Teil aber in den Schulstaffeln VT-10 und VT-86. In diesen Staffeln werden Fliegeroffiziere ausgebildet, die nachfolgend keine Pilotenlaufbahn einschlagen werden, also vor allem Radaroperatoren. Die Navy erhielt alles in allem 42 Flugzeuge dieses Typs.

Hubschrauber

Die vielseitigen Verwendungsmöglichkeiten von Marine-Hubschraubern werden seit drei Jahrzehnten von der U.S. Navy zunehmend genutzt. Gegenwärtig gibt es bei der Navy acht Grundtypen mit zahlreichen Versionen, von denen ein Teil sogar eigene Namen führt, wie nachfolgend und in der großen Übersichtstabelle festgestellt werden kann. Auf die einzelnen Versionen wird sowohl im Bildteil, als auch bei der hier folgenden Aufzählung der verschiedenen Verwendungsmöglichkeiten eingegangen.

In der Aufzählung sind auch die Hubschrauber-Versionen des Marine Corps (USMC) und der Küstenwache (USCG) enthalten, ebenso die der *Naval Reserve Force* (NARF).

1. **Such- und Rettungshubschrauber**
   UH-2B, HH-2C, HH-2D, HH-3F (USCG), HH-46A (Navy und USMC), HH-52A (USCG)
2. **Kleinere Transport-, Verbindungs- und Mehrzweckhubschrauber**
   UH-1B, UH-1E, UH-1L, UH-1N (Navy und USMC), HH-1K (NARF)
3. **Transport- und Frachthubschrauber**
   CH-46D, CH-46F (USMC), CH-46E (Navy und USMC)
4. **Schwere Transporthubschrauber**
   CH-53D, (USMC), CH-53E in Einführung bei USMC und Navy)
5. **Mittlere Mehrzweckhubschrauber**
   UH-46A, UH-46D
6. **Erdkampf-Unterstützungshubschrauber**
   AH-1G, AH-1J, AH-1T (noch nicht eingeführt), allesamt beim USMC
7. **Mittlere U-Jagd und Eloka-Hubschrauber**
   SH-2D, SH-2F, SH-60B (noch in Entwicklung)
8. **Mittlere U-Jagd- und Rettungshubschrauber auf Trägern**
   SH-3G (NARF), SH-3H
9. **Hubschrauber zum Minenräumen in flachen Gewässern**
   RH-3A (ausgelaufen), RH-53D
10. **VIP-Transport- und Reisehubschrauber**
    VH-1N (Navy und USMC), VH-3D (USMC), VH-53D (USMC)
11. **Schulhubschrauber**
    TH-1L, TH-57A, HH-1K

Nicht ausgeschlossen werden kann, daß die eine oder andere frühe Version bereits durch eine neuere ersetzt wurde, bzw. daß sich auch noch Exemplare einiger älterer Versionen bei den Staffeln befinden.

250 UH-1E von Bell Helicopter Co. dienten zwischen 1964 und dem Beginn der 70er Jahre beim Marine Corps, als die UH-1N als ▶ Mehrzweckhubschrauber dazukam. Mehrzweck, das bedeutete die Verwendung als leichter Transporter für Mannschaften, Fracht und Ausrüstung, als Verbindungsmaschine für Truppenkommandeure, als Verwundeten-Transportmaschine. (Oben)

Die erste von nur acht gebauten UH-1L Irogluois der Navy, die sich von der UH-1E nicht wesentlich unterscheidet. (Mitte)

Dies ist ebenfalls das erste von 90 Exemplaren der Schulmaschine TH-1L Seawolf; es wurde 1969 an die Navy abgeliefert und befindet sich in der Schulstaffel HT-18 in Pensacola. Diese Staffel unterhält mehr als 80 Maschinen, von denen mehr als die Hälfte TH-1L sind. Die übrigen gehören zumeist auch dem Grundtyp H-1 an, von dem die Versionen UH-1E (des Marine Corps), HH-1K und UH-1L (der Navy) vertreten sind. (Unten)

Die UH-1N Twin Huey kam ab 1971 zur Truppe; sie diente in den vier HML-Staffeln des Marine Corps, wurde aber auch in den HMA-Staffeln bei der Erdkampfunterstützung verwendet, bis später die „echten" Kampfhubschrauber der Serie AH-1 hinzukamen. Das Foto zeigt eine UH-1N der Navy, die während des Vietnam-Krieges ebenfalls Hubschrauber-Kampfstaffeln (HAL) unterhielt. Diese wurden nach dem Ende des Vietnamkrieges wieder aufgelöst. Eine HAL-Staffel befindet sich noch bei der NARF. Sechs Navy-VIP-Maschinen erhielten die Bezeichnung VH-1N.

1969 übernahm das Marine Corps 38 AH-1G Huey-Cobra Kampfhubschrauber von der U.S. Army und setzte sie in Vietnam ein. Dieses Foto zeigt zwei AH-1G, die – wie man aus Baunummer (BUNO) ersehen kann – noch aus der Produktion der U.S. Army entstammen.

Das erste Serienexemplar der AH-1J Sea Cobra, einer speziell für das Marine Corps entwickelten Version mit einer dreiröhrigen 20-mm-Geschützanlage in einer drehbaren Kanzel und der Fähigkeit, auch einige kleineren Lenkwaffen als Außenlast mitzuführen.

Fast jede neue Version der H-1 erhielt durch die Navy auch einen eigenen neuen Namen. So wurde die neueste Version AH-1T King Cobra benannt. Diese Version zeichnet sich dadurch aus, daß sie einen stärkeren Antrieb und eine verbesserte Avionik besitzt und zum Abschuß der Panzerbekämpfungsrakete TOW eingerichtet ist. Der Rumpf ist etwas länger als der von AH-1J. Die Beschaffung dieser Maschine für das Marine Corps scheint sich etwas zu verzögern.

Maschinen des Typs H-2 Seasprite kamen ab Ende 1962 zur Flotte, zunächst nur als SAR- (= Search and Rescue) Hubschrauber. Dieses Foto zeigt eine UH-2B der Staffel HC-2, aufgenommen am 21. April 1972 im Mittelmeer. Dies war der „guardian angel", die Sicherheitsmaschine von CVA-67 *John F. Kennedy,* die während sämtlicher Flugzeugstarts und -landungen an der Backbordseite des Schiffes in der Luft „hing", um sofort rettend einzugreifen, wenn ein Flugzeug verunglücken sollte und die Besatzung „aussteigen" mußte.

Dieses Foto wurde 1972 an Bord von USS *Mount Whitney* (LCC-20) in Amsterdam aufgenommen, während des ersten Europa-Besuches des damals neuen Amphibischen Kampfgruppen-Flaggschiffes nach Beendigung einer Übung. Der abgebildete Hubschrauber ist eine HH-2C, eine von nur sechs umgebauten UH-2C. Es ist interessant, daß auf diesem amphibischen Schiff ein Hubschrauber eingesetzt wird, der der leichten U-Jagdstaffel HSL-30 angehört.

Ab 1970 kamen endlich auch bemannte U-Jagdhubschrauber an Bord von Kreuzern, Zerstörern und Fregatten. Die erste Serien-Version wurde als SH-2D Seasprite bezeichnet. Sie entstand durch den Umbau älterer Seasprite-Versionen. Nach Ablieferung von nur 20 Maschinen folgte ab 1972 die Version SH-2F, die heute noch Standard-Version des U-Jagdsystems LAMPS I ist. Ein Exemplar dieses Typs ist hier im März 1977 auf der Lenkwaffenfregatte *Richard L. Page* (FFG-5) aufgenommen. Die Maschine gehört der Staffel HSL-32 an und man erkennt hier zum Teil die Besonderheiten: den Radarwulst, die Vorrichtung zur Aufnahme von zwei außen mitgeführten U-Jagd-Torpedos Mk 46 oder von ASMD-Flugkörpern, weiter die beiden Antriebsturbinen und die sich drehenden Rotoren.

Eine weitere SH-2F, die nach Umbau aus einer UH-2A entstanden ist, wurde hier am 12. Juli 1975 bei Regenwetter auf dem Stützpunkt Brunswick im Bundesstaat Maine aufgenommen. Sie gehört der Staffel HSL-34 an. Nachdem LAMPS III (d.h. SH-60B) in weit geringerer Anzahl gebaut werden wird, als ursprünglich geplant, bleibt die SH-2 auch weiterhin Bordhubschrauber auf denjenigen Schiffsklassen, die nicht für LAMPS III vorgesehen sind. Ab Anfang der 80er Jahre wird es ein umfangreiches Programm geben, im Rahmen dessen alle SH-2 nacheinander weitgehend modernisiert, aber auch zusätzliche umgebaut werden.

Weltweit bekannt ist die SH-3 Sea King; die breite Öffentlichkeit kennt sie vor allem vom Fernseh-Bildschirm, von der Bergung mancher zurückgekehrten Weltraum-Kapseln und deren Besatzungen. Die Sea King (damals noch als HSS-2 bezeichnet) folgte als auf Trägern operierender U-Jagdhubschrauber der HSS-1, die später als SH-34 bezeichnet wurde. Nach den ersten Versionen SH-3A und SH-3D entstanden durch diverse Umbauprogramme die noch jetzt geflogenen Versionen SH-3G und SH-3H. Eine Maschine der Version SH-3H ist hier abgebildet. Das im Juni 1972 aufgenommene Foto zeigt die Maschine mit ihrem weiß-grauen Anstrich, wie sie ihr Tauchsonargerät am Kabel ins Meer hinabläßt. Dies ist eine der wichtigsten Eigenschaften dieses Typs, neben der Fähigkeit Luft/Schiff-Flugkörper zu verschießen, U-Jagdtorpedos aufzunehmen, Veränderungen des magnetischen Feldes zu messen, zahlreiche Sonar-Bojen durch Abwurf zu aktivieren und ESM-Maßnahmen einzuleiten. Hierdurch wird die SH-3H zum wichtigsten U-Jagd-Bordmittel der Träger, neben der S-3A Viking. Auf jedem der amerikanischen Flugzeugträger befindet sich eine kleine HS-Staffel mit sechs Sea King, die zugleich auch als SAR-Maschinen während des Flugbetriebes fungieren.

Der Marine Corps-Sonderstaffel HMX-1 untersteht diese VH-3D, eine Reisetransportmaschine des Weißen Hauses, die hier – dunkelblau und weiß getrichen – am 5. Juli 1976 auf dem vorderen Teil des Startdecks von CV-59 *Forrestal* landet.

Eine ältere SH-3D der Staffel HS-8, die im Rahmen des Trägergeschwaders CVW-11 auf der CV-63 *Kitty Hawk* operiert.

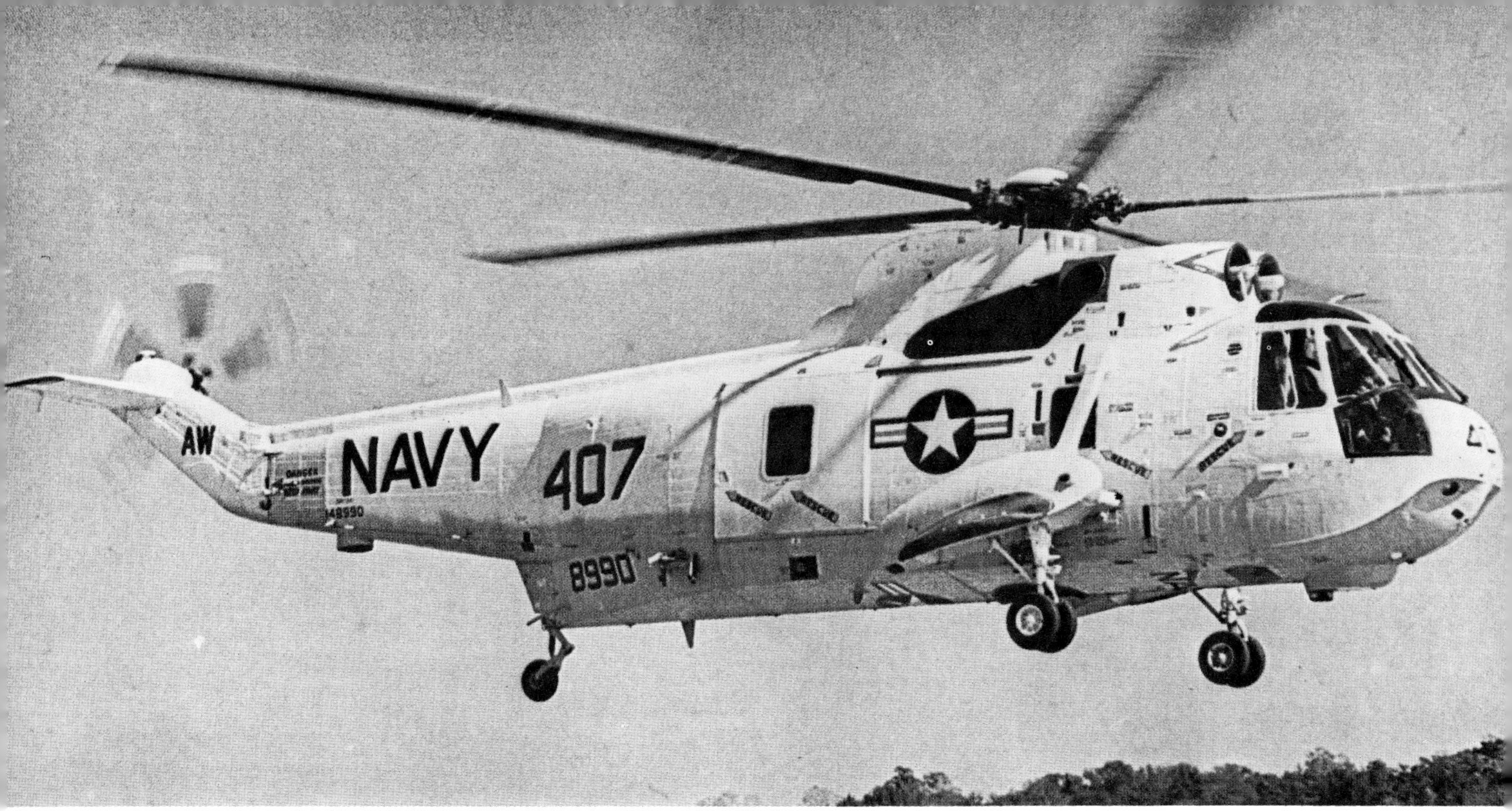

Diese vormalige SH-3A präsentiert sich hier nach Modifizierung als SH-3G mit den Identifikationsbuchstaben AW, die hier nicht zu einer Staffel gehören, sondern zum inzwischen aufgelösten Reserve-Geschwader der Naval Air Reserve Force (NARF), CVSGR-70. Nach der Auflösung dieses Geschwaders verschwanden die letzten S-2 Tracker aus dem Navy-Inventar, dafür wurde 1976 ein reines Reserve-Hubschraubergeschwader mit der Bezeichnung CAG-80 gebildet.

Eine HH-3F mit den Farben-Markierungen der Küstenwache. Diese 1967 eingeführte SAR-Version der Sea King hat mehr Ähnlichkeit mit der bei der U.S. Air Force geflogenen CH-3C als mit den verwandten Navy-Maschinen. Die HH-3F ist der Hubschrauber mit der größten Reichweite. Er kann rd. 640 km über See fliegen, dann 20 Minuten lang automatisch kontrolliert schweben, sechs überlebende Personen aufnehmen und danach zum Stützpunkt zurückfliegen.

Mit diesem Foto wird dokumentiert, daß die HH-3F voll schwimmfähig ist. Sie kann ihre Rettungsaktionen sowohl im Schwebeflug als auch nach Wasserung durchführen. Die U.S. Navy ist zwar zuständig für die Beschaffung von Flugzeugen und Hubschraubern für den eigenen Bedarf und für den des Marine Corps, nicht jedoch der Küstenwache. Dies sieht man auch daran, daß die Maschinen der Küstenwache ihre eigenen Serien-Nummern führen (hier 1430) und nicht die „BUNOs" der U.S. Navy.

Als die Amerikaner entdeckten, daß in flachen Gewässern gelegte Minen leichter, schneller und gefahrloser aus der Luft geräumt werden können, modifizierten sie einige SH-3A zu RH-3A-Minenräumhubschraubern. Dieses im Mai 1967 aufgenommene Foto zeigt eine RH-3A mit ausgefahrenem Schleppgeschirr, an dem Minenräumschlitten wie Mk 105 und andere aus der Luft über die Wasseroberfläche geschleppt werden. Zwischenzeitlich ist die RH-3A vermutlich nicht mehr vorhanden, da sich in den beiden HM-Staffeln inzwischen speziell für diesen Zweck hergerichtete RH-53D befinden.

Die oliv-grün angestrichenen CH-46D Sea Knight sind seit 1966 bis zur Gegenwart die Standard-Transport-Hubschrauber der neun HMM-Staffeln des Marine Corps. Nach 266 abgelieferten Exemplaren erfolgte der Wechsel zur nur geringfügig modifizierten CH-46F. Dies sind die Hubschrauber des USMC, die regelmäßig neben der CH-53 und neben einigen Maschinen des Typs AH-1 auf den Hubschraubertärgern (LHA und LPH) zum Einsatz kommen. Die abgebildete Maschine wird vom Staffelkapitän der Staffel HMM-164, einem Oberstleutnant, geflogen, was auch an der „WC"-Nummer zu erkennen ist.

Das gleiche Aussehen hat die navy-blu angestrichene CH-46D der Navy-Staffel HC-3. Diese Maschine kann man zwar auch als Gegenstück zu denen des Marine Corps auf den Hubschraubertärgern sehen, deren Hauptaufgabe besteht jedoch darin, als „Arbeitspferd" vor allem den Transport bei der In-See-Schiffsversorgung zu übernehmen. Zu je zwei bis drei Maschinen werden die Sea Knights von ihren angestammten HC-Staffeln an diverse Schiffe der Kategorien AFS, AE, AO, AOE, AOR usw. abkommandiert, von wo aus sie dann – zumeist während der gleichzeitigen Beölungsaktionen – die auf Paletten geschichtete Fracht am Haken vom Versorger durch die Luft zu anderen Schiffen übersetzen. Hierbei findet man auch Maschinen der Versionen UH-46A und UH-46D.

Die hier abgebildeten, auffällig angestrichenen SAR-Maschinen der Version HH-46A (modifizierte CH-46A) findet man auf zahl-reichen Stützpunkten. Das obere Foto zeigt eine HH-46A des Marine Corps-Stützpunktes Iwakuni in Japan, darunter findet man die entsprechende Navy-Ausführung, stationiert auf dem Flugplatz des Versuchsgeländes von Patuxent River im Bundesstaat Maryland.

Seit 1975 werden zahlreiche ältere Modelle als CH-46E mit stärkeren Triebwerken modifiziert. Abgebildet ist hier eine vormalige CH-46F des Marine Corps nach Modifikationen als CH-46E. Die Identifikationsbuchstaben und damit die Zuordnung zu einer Einheit fehlen hier noch. Beachtenswert sind u.a. die Bergungswinde über der Türöffnung und die drei Fahrgestelle. Die Pilotenkanzel ist so ausgebildet, daß auch nach unten Sicht besteht.

Die HH-52A ist neben der HH-3F der Standard-Rettungshubschrauber der Küstenwache. Auch er ist schwimmfähig und wird an Bord der größten „Cutters" mitgeführt.

Der hier abgebildete Prototyp der neu entwickelten Version CH-53E mit drei Triebwerken demonstriert die enorme Leistungsfähigkeit dieser Version, die imstande ist, ganze Flugzeuge zu heben und vom Flugzeugträger an Land zu transportieren bzw. beschädigte oder liegengebliebene Flugzeuge an Land zu bergen. Dies war ein sehr teures Programm. Die Beschaffung für das Marine Corps läuft gerade an, aber auch die Navy wird etliche Exemplare erwerben. Wie aus noch nicht bestätigten Meldungen zu ersehen ist, möchte die Navy diese Version als Minenräumhubschrauber verwenden, der dann – wie verlautet – nicht etwa als RH-53E, sondern als MH-53E bezeichnet werden wird.

Die CH-53D Sea Stallion ist gegenwärtig noch der Standard-Transporter bei den sechs schweren Hubschrauber-Transportstaffeln des Marine Corps (HMH). Diese Maschine führt die Buchstaben CJ der Staffel HMH-461. Zu erkennen ist die Heckklappe, die der besseren Entladung von Soldaten und Fracht dient.

Dieses Foto veranschaulicht, wie eine RH-53D der Minenräumstaffel HM-12 gerade ein Minenräumgerät Mk 105 aufnimmt, um es über See herabzulassen und zu schleppen. Es gibt gegenwärtig zwei Minenräumstaffeln bei der Navy, eine dritte soll noch aufgestellt werden; es ist jedoch interessant zu erfahren, daß sämtliche CH-53D des Marine Corps nach kurzer Vorbereitungszeit zum Minenräumen eingesetzt werden können.

Etwa 40 Maschinen des Typs TH-57A Sea Ranger gehören zur Standardausstattung der Hubschrauber-Schulstaffel HT-8 in Pensacola, die das „primary helicopter training" betreibt. Es ist z.Zt. noch nicht ersichtlich, was mit den beiden Schulstaffeln HT-8 und HT-18 und deren Maschinen geschehen würde, wenn nach dem Willen der Zuständigen demnächst die Grundausbildug auch von Navy- und Marine Corps-Hubschrauberpiloten durch die U.S. Army durchgeführt werden sollte, wie geplant ist.

Dies ist der erste Prototyp von SH-60B Seahawk, dem jüngsten Navy-Hubschrauber, der aus dem Heeres-Hubschraubermodell UTTAS modifiziert wird und demnächst als LAMPS III – Bordmaschine auf Kreuzern, Zerstörern und Fregatten die bisher dort nur zum Teil eingesetzte LAMPS I (SH-2F) ersetzen wird. Die hohen Kosten des gesamten LAMPS III-Programms haben bewirkt, daß nur knapp über 200 Maschinen dieses Typs erworben werden sollen, und zwar für die Bord-Verwendung auf Schiffen der Klassen DDG-47, DD-963, FFG-7 und – möglicherweise – auf den vier Zerstörern der DDG-993-Klasse. Der größte Teil der bisherigen LAMPS I wird auf den älteren Kreuzern und Fregatten verbleiben, zumeist in nur einfacher Ausführung. Mit einem 1 : 1 Modell wurden 1978 Bordversuche auf DD-968 *Arthur D. Radford* und auf FFG-7 *O. H. Perry* durchgeführt, vor allem, um die Unterbringung in den Hangars zu prüfen. Insgesamt wird SH-60B auf allen Gebieten wesentlich leistungsfähiger sein als SH-2F, obwohl es – vermutlich aus Einsparungsgründen – hier kein Tauchsonargerät geben wird, was als Handicap bezeichnet werden muß. Die auf dem Foto hinter dem großen Fenster sichtbaren 25 kleinen Öffnungen dienen der Unterbringung von Sonar-Bojen.

Tabellen

Grund-Typ	volkstümliche Bezeichnung	Hersteller-werk	Typen-Beschreibung	nachf. Angaben zu Version	Maximal-Startgewicht kg	Flugleistungen			
						Höchstgeschw. /Flughöhe km/h/m	Aktions-Radius km	Reichweite km	Dienstgipfelhöhe m
A-3	Skywarrior	Douglas	Dreisitziger bordgestützter Bomber (als Grundtyp)	A-3B	37 195	982/3 050 901/11 000	1 690	4 666 (Überf. Reichw.)	12 500
A-4	Skyhawk	Douglas	Einsitziger bord-gestützter Jagd-bomber	A-4M	11 113	1 030/7 620 1 078/ Seehöhe	550	3 307 (Überf. Reichw.)	14 500
A-5	Vigilante	North American	Zweisitziger bordgestützter Aufklärer	RA-5C	36 285	2 230/ 12 200 1 103/ Seehöhe	1 600	4 830 mit Zu-satztanks	19 500
A-6	Intruder/ Prowler	Grumman	Zweisitziger bordgestützter Allwetterbomber	A-6A	27 343	1 006/ 11 000 1 102/ Seehöhe	1 810	3 090	13 600
A-7	Corsair II	LTV	Einsitziger bord-gestützter Jagdbomber	A-7E	19 050	1 125/ Seehöhe	850	4 465 (Überf. Reichw.)	16 000
F-4	Phantom II	McDonnell	Zweisitziger bord-gestützter Jäger und Jagdbomber	F-4B	24 765	2 548/ 14 700 1 472/ Seehöhe	1 450	3 700 (Überf. Reichw.)	21 640

Antrieb/PS-Leistung	Abmessungen, m			Waffenlast/Nutzlast	Bemerkungen
	Spann-weite	Länge	Höhe		
2 Strahltrieb-werke J57-P-10 mit je 4 763/5 624 kp Schub	22,10	23,27	6,95	nur A-3B 5 443 kg + 2–20 mm MK (Heckgeschütze); alle anderen Versionen unbewaffnet	Erstflug von A-3A: 1953; weitere Versionen: RA-3B Foto-Aufklärer EA-3B Eloka-Flugzeug TA-3B Radar-Trainer KA-3B Tanker (Abgabekapazität 4 925 l Treibstoff) EKA-3B Tanker und Eloka-Flugzeug A-3A/B seinerzeit bordgestützte Bomber
1 Strahltriebwerk J52-P408A mit 5 080 kp Schub	8,38	12,27	4,57	4 153 kg + 2–20 mm MK	Erstflug A-4A: 1954; weitere Versionen: A-4E in USMC-Reservestaffeln A-4F ab 1966; jetzt noch bei „Blue Angels" und in USMC-Reservestaffeln TA-4J Kampftrainer A-4M ab 1970; für USMC EA-4F möglicherweise vereinzelt noch in VAQ-Staffeln
2 Strahltriebwerke J79-Ge-10 mit je 5 395/8 120 kp Schub	16,15	23,11	5,92	3 630 kg	Erstflug YA-5A: 1958; A-5A/B seinerzeit bordgestützte Bomber Erstflug RA-5C: 1962 wird 1980 ausgesondert
2 Strahltriebwerke J52-P-8A mit je 4 218 kp Schub	16,15	16,64	4,75	6 804 kg	1963 eingeführt. Frühere Versionen: A-6A, A-6B, A-6C; jetzt geflogene Versionen A-6E seit 1970; bei der Navy und beim USMC KA-6D Tanker mit Zusatztanks EA-6A Eloka-Maschine für das USMC EA-6B Eloka-Maschine für die Navy, viersitzig EA-6A wird als Intruder bezeichnet, EA-6B als Prowler
1 Strahltriebwerk TF-41-A-Z mit 6 804 kp Schub	11,79	14,06	4,88	9 072 kg + 1–20 mm MK	Erstflug 1965. Frühere Versionen: A-7A, A-7B; jetzt geflogene Versionen TA-7C zweisitziger Trainer A-7E ab 1968 für die Navy
2 Strahltrieb-werke J79-GE-8 oder 15 mit je 4 950/7 711 kp Schub	11,70 RF-4B:	17,76 19,15	4,96	max. 7 250 kg	Erstflug F-4B: 1961, F-4J: 1966, F-4N: 1972, RF-4B: 1965 F-4B auslaufend F-4J wird zunehmend durch F-14 und F-18 ersetzt F-4N wie vorstehend; z.Zt. Marine Corps und Reservestaffeln RF-4B Foto-Aufklärer für das Marine Corps QF-4B ferngelenkte Drohnen-Version; als Zielflugzeug bei Sonderstaffel

Grund-Typ	volkstümliche Bezeichnung	Hersteller-werk	Typen-Beschreibung	nachf. Angaben zu Version	Maxi-mal-Startge-wicht kg	Flugleistungen			
						Höchst-geschw. /Flughöhe km/h/m	Aktions-Radius km	Reich-weite km	Dienst-gipfel-höhe m
F-5	Tiger II	North American	Einsitziger Jäger und Jagdbomber	F-5E	10 924	1 700/ 11 000	686	2 567 (Überf. Reichw.)	16 305
F-8	Crusader	LTV	Einsitziger bord-gestützter Jäger und Jagdbomber	F-8J	15 422	1 802/ 12 200	965	2 253 (Überf. Reichw.)	17 675
F-14	Tomcat	Grumman	Zweisitziger bord-gestützter Jäger und Jagdbomber	F-14A	31 101	2 486/ 12 200 1 470/ Seehöhe	ca. 1 000	3 700 (Überf. Reichw.)	18 300
F-18	Hornet	McDonnell/ Douglas	Einsitziger bord-gestützter Jäger und Jagdbomber	F-18A	19 960	~ Mach-1,8/ 12 000 ~ Mach 1,2/ Seehöhe	1 350	3 700 (Überf. Reichw.)	über 15 000
C-1	Trader	Grumman	Bordgestützter Transporter und Kuriermaschine	C-1A	12 250	452/1 220	·	1 290	6 095
C-2	Greyhound	Grumman	Bordgestützter Transporter und Kuriermaschine	C-2A	24 860	567/3 500	·	2 414	8 780
C-4	Academe	Grumman	Bomben- und Navigationstrainer	TC-4C	16 330	621/	·	3 610 (Überf. Reichw.)	9 270
C-9	Skytrain II	McDonnell Douglas	Transport- und Sanitätsflugzeug	C-9A	48 988	·/·	·	2 390	·
C-11	Gulfstream II	Grumman	Stabsreise-maschine	G-1159	25 400	941/ · 902/12 200		5 930	

Antrieb/ PS-Leistung	Abmessungen, m			Waffenlast/Nutzlast	Bemerkungen
	Spann-weite	Länge	Höhe		
2 Strahltriebwerke J85-GE-21 mit je 1 588/2 268 kp Schub	8,14	14,69	4,06	max. 3 175 kg + 2–20 mm MK	Kein Trägerflugzeug. In nur wenigen Exemplaren bei der Navy; dient als Kampf-trainer als Darstellungs-Maschine für sowjetische Jäger. Erstflug 1972
1 Strahltriebwerk J57-P-20/22 mit 4 853/8 165 kp Schub	10,87	16,61 RF-8G: 16,54	4,80	max. 2 270 kg + 4–20 mm MK	Eingeführt 1957. Einzelne Maschinen anderer Versionen F-8J/K/L in einigen Sonderstaffeln Zahlreiche Versionen sind zwischenzeitlich ausgesondert. Z.Zt. vorhanden RF-8G Foto-Aufklärer (5 Kameras) in aktiven und Reservestaffeln; werden moderni-siert zum längeren Verbleib auf Flugzeugträgern
2 Strahltriebwerke TF-30-P-412A mit je ·/9 480 Schub	19,54* (11,45)	18,89	4,88	max. 6 577 kg + 1–20 mm MK	* größte und (kleinste) Spannweite. Erstflug: 1970 F-14A Ablösung für F-4
2 Strahltrieb-werke F404-GE-400 mit ·/7 270 kg Schub	11,43	17,07	4,52	max. 5 900 kg + 1–20 mm MK	F-18A leistungsschwächere Maschine zur Ver-wendung als Ergänzung der teuren F-14A. Jabo-Version A-18 Ersatz für A-7. Einführung F-18 ab 1980. Erstflug F-18: 1978 Bordversuche November 1979 auf CV-66 *America*
2 Kolbenmotoren R-1820-82 mit je 1 525 PS	22,13	13,26	5,05	9 Passagiere oder max. 1 588 kg Fracht	Erstflug: 1955 C-1A COD-Maschine auf Flugzeugträgern (COD = „Carrier-on board-delivery") Auslaufend
2 Propeller-turbinen T-56-A-8A mit je 4 050 PS	24,56	17,27	4,85	6 804 kg oder bis max. 42 Soldaten oder 20 liegende Verwundete mit 4 Sanitätern	Eingeführt 1966. Insgesamt nur 25 Maschinen. Entwickelt aus der Eloka-Maschine E-2. COD-Aufgaben
2 Propeller-turbinen Dart Mk 529-8X mit je 2 210 PS	23,87	20,70	6,93	7 zusätzliche Bomber-/ Navigatoren-Schüler	Militärversion der Gulfstream I, Erstflug: 1967 TC-4C Schulmaschine der Navy und des Marine Corps für Besatzungen der A-6 VC-4A Stabsreisemaschine der Küstenwache
2 Strahltriebwerke JT8D-9 mit je 6 575 kp Schub	24,87	36,37	8,38	50 Soldaten oder 30–40 liegende Ver-wundete mit 4–6 Sanitätern	Erstflug C-9A (Nightingale) 1968. Militärische Version der DC-9 C-9B ab 1972 für die Navy und das Marine Corps VC-9C ab 1975 Stabsreisemaschine
2 Mantelstrom-triebwerke RB 163-25 Spey Mk. 511-8 mit je 5 170 kp Schub	20,99	24,37	7,47	10–19 Passagiere	Militärversion der Gulfstream II VC-11A Stabsreisemaschine der Küstenwache

Grund-Typ	volkstümliche Bezeichnung	Hersteller-werk	Typen-Beschreibung	nachf. Angaben zu Version	Maximal-Startgewicht kg	Flugleistungen			
						Höchstgeschw. /Flughöhe km/h/m	Aktions-Radius km	Reichweite km	Dienstgipfelhöhe m
C-12	Beech	Beech Aircraft	Leichtes Passagier-flugzeug	C-12A	5 670	536/3 650 515/7 600	·	3 500	9 850
C-118	Liftmaster	Douglas	Langstrecken-transporter	C-118A	48 535	598/5 450	·	6 211	·
C-121	Warning Star	Lockheed	Radar-Frühwarn-flugzeug	EC-121D	65 137 (normal)	605/6 100	·	3 460	·
C-130	Hercules	Lockheed	Transporter und Tankflugzeug	C-130H	79 380	618/	·	4 170 bei voller Nutzlast	8 075
C-131	Samaritan	Convair	Transport- und Sanitätsflugzeug	C-131B	21 319 (normal)	491/4 860	·	3 060 (Überf. Reichw.)	7 600
E-2	Hawkeye	Grumman	Bordgestütztes Radarfrühwarn-flugzeug	E-2C	22 262 (normal)	584/ Seehöhe	·	2 770 (Überf. Reichw.)	8 560
V-8	Harrier	Hawker Siddeley/ McDonnell/ Douglas	Einsitziger (auch bordgestützter) V/STOL-Jagd-bomber	AV-8A (GR. Mk 3)	11 793 8 165 (normal)	1 160/300 1 030/300 (mit Waffen-last)	420-640 mit 2 Zusatz-tanks	3 330 (Überf. Reichw.)	15 250

Antrieb/ PS-Leistung	Abmessungen, m			Waffenlast/Nutzlast	Bemerkungen
	Spann- weite	Länge	Höhe		
2 Propeller- turbinen PT6A-41 mit je 850 PS	16,60	13,16	4,54	6–13 Passagiere	Militärversion der Super King Air UC-12B ab 1980 für die Navy
4 Kolbenmotoren R-2800-52W mit je 2 500 PS	35,81	32,18	8,66	76 Soldaten oder 60 liegende Verwundete oder bis zu 12 247 kg Fracht	Militärversion der DC-6. Erstflug C-118A: 1949. Gegenwärtige Versionen: C-118 B bei Reserve-Transportstaffeln VC-118B Stabsreisemaschine
4 Kolbenmotoren R-3350-93 mit je 3 650 PS	37,62	35,41	8,23	27–31 Mann Besatzung; Radar-Einrichtung	Militärversion der L.1049 Super Constellation. Erstflug C-121: 1951
4 Propellertur- binen T56-A-15 mit je 4 910 PS	40,25	29,78	11,66	92 Soldaten oder 64 Fallschirmjäger oder 74 liegende Verwundete mit 4 Sanitätern oder max. 20 412 kg Fracht	Erstflug: 1954. Folgende Versionen werden z.Zt. geflogen: EC-130Q Nachrichtenverbindungs- Maschine der Navy (TACAMO DC-130A Drohnen-Transporter, bei Hilfs- dienststaffeln der Navy LC-130F Transporter für Einsatz in antarktischen Gebieten KC-130H Transporter und Tankflugzeug für das Marine Corps, auch KC-130F/R HC-130B/H Rettungsmaschine der Küstenwache EC-130E Elektronik-Maschine der Küsten- wache und der Navy (hier Ersatz für EC-121)
2 Kolbenmotoren R-2800-103W mit je 2 500 PS	32,11	24,13	8,58	48 Soldaten oder 27 liegende Verwundete	Militärversion der Convair 440 HC-131A noch bei der Küstenwache. Bei der Navy vermutlich keine Maschinen mehr
2 Propeller- turbinen T-56-A-8/8B mit je 4 050 PS	24,56	17,55	5,59	Radareinrichtung	Erstflug: 1960; E-2C: 1971 Versionen E-2A bei Reserve-VAW-Staffeln, auslaufend E-2B z.Zt. noch bei einigen aktiven VAW-Staffeln im pazifischen Raum E-2C Ersatz für E-2B letztlich in allen aktiven VAW-Staffeln TE-2A nur zwei Schulmaschinen
1 Strahltriebwerk Bristol Pegasus 103 mit 9 752 kp Schub	7,70	13,91	3,43	max. 2 268 kg	Erstflug des Vorserien-Exemplars P. 1127: 1966, gegenwärtig vorhanden: AV-8A in drei Staffeln des Marine Corps TAV-8A zweisitziger Trainer für das Marine Corps AV-8B Ersatz für AV-8A beim Marine Corps. Beschaffung verzögert

Grund-Typ	volkstümliche Bezeichnung	Hersteller-werk	Typen-Beschreibung	nachf. Angaben zu Version	Maximal-Startgewicht kg	Flugleistungen			
						Höchstgeschw. /Flughöhe km/h/m	Aktions-Radius km	Reichweite km	Dienstgipfelhöhe m
V-10	Bronco	North American/ Rockwell	Zweisitziges STOL-Beobachtungs- und Erdkampf-Unterstützungsflugzeug	OV-10A	6 552	452/3 050 449/ Seehöhe	270 (mit Waffenlast 310)	2 300 (Überf. Reichw.)	8 230
S-3	Viking	Lockheed/ Convair	Bordgestütztes U-Jagdflugzeug	S-3A	23 831	816/ Seehöhe	max. 3 700	5 560	12 200 (Überf. Reichw.)
P-2	Neptune	Lockheed	Seeaufklärer und U-Jagdflugzeug	P-2H	36 320	573 nur Kolbenmotor 648 + Strahltr.	·	3 540	6 700
P-3	Orion	Lockheed	Seeaufklärer und U-Jagdflugzeug	P-3C	64 410	761/4 570	2 500	7 670 (Überf. Reichw.)	8 625
T-2	Buckeye	North American	Zweisitziges bordgestütztes Schulflugzeug	T-2C	5 977	838/7 620	·	1 685 (Überf. Reichw.)	12 320
T-28	Trojan	North American	Zweisitziges Schulflugzeug	T-28A	3 385	455/1 800	·	1 700 (Überf. Reichw.)	7 320
T-34	Mentor	Beech	Zweisitziges Schulflugzeug	T-34C	1 940	297/2 300 304/ Seehöhe	·	1 207 (Überf. Reichw.)	5 550
T-44	Super King Air	Beech	Navigations-Schulflugzeug	U-21A	4 377	401/3 350	·	1 880	7 800
T-39	Sabreliner	North American	Schulflugzeug und leichter Transporter	T-39A	8 055	869/11 000	·	3 130 (Überf. Reichw.)	13 800

Antrieb/ PS-Leistung	Abmessungen, m			Waffenlast/Nutzlast	Bemerkungen
	Spann- weite	Länge	Höhe		
2 Propeller- turbinen T-76-G-10/12 mit je 715 PS	12,19	12,12	4,62	1 633 kg + 4–7,62 mm MG	Erstflug: 1965 OV-10A in Beobachtungsstaffeln OV-10D des Marine Corps
2 Strahltriebwerke TF-34-GE-2 mit je 4 207 kp Schub	20,93	16,26	6,93	max. 3 500 kg	Erstflug: 1972; US-3A: 1976 S-3A Standard-U-Jäger auf Flugzeugträgern US-3A möglicherweise Ersatz für die C-1 COD-Maschinen
2 Kolbenmotoren R-3350-32W mit je 3 500 PS + 2 Strahltriebwerke J34-WE-36 mit je 1 542 kp Schub	31,67	27,94	8,94	max. 3 630 kg	Erstflüge, Prototyp: 1945, P-2E: 1950, P-2H: 1954. Auslaufend. Gegenwärtig noch geflogene Versionen SP-2H bei einigen Reserve-Aufklärerstaffeln DP-2E als Drohnentransporter bei wenigen Hilfsdienststaffeln
4 Propeller- turbinen T56-A-14 mit je 4 910 PS	30,37	35,61	10,29	3 290 kg im Rumpf 2 720 kg außen	Militärversion der Electra. Erstflug P-3A: 1959, P-3C: 1968. Versionen: P-3A bei einigen Reserve-Aufklärerstaffeln P-3B P-3C bei aktiven Aufklärerstaffeln P-3C Update II EP-3E Elektronik-Aufklärer WP-3A/D Wetter-Aufklärer RP-3D Erdmagnetfeld-Messungen
1 Strahltriebwerk J85-GE-4 mit 1 339 kp Schub	11,63	11,79	4,57	max. 290 kg	Erstflug T-2A: 1958, T-2C: 1968. Z.Zt. geflogene Versionen: T-2B in Schulstaffeln auslaufend T-2C in Schulstaffeln als Ersatz für T-2B
1 Kolbenmotor R-1300-1A mit 800 PS	12,22	9,76	3,86	·	Erstflug XT-28: 1949, T-28C: 1955 T-28C auslaufend in Navy-Schulstaffeln; einzelne Exemplare in Sonderstaffeln des Marine Corps
1 Propeller- turbine PT6A-45 mit 400 PS	10,17	8,75	3,00		Erstflug Prototyp 1948, T-34C 1973 T-34C in Navy-Schulstaffeln Ersatz für T-28C und T-34B T-34B auslaufend
2 Propeller- turbinen T74-CP-700 mit je 550 PS	13,98	10,82	4,33	max. 1 360 kg Fracht oder bis zu 10 Passagiere	Schulversion der U-21 Ute; diese ist Militär- version der King Air Model 90 T-44A in Navy-Schulstaffeln
2 Strahltrieb- werke J-60-P-3A mit je 1 361 kp Schub	13,53	13,33	4,88	4–8 Passagiere oder Flugschüler	Erstflug Prototyp: 1958. Geflogene Versionen: T-39D in Navy-Schulstaffeln und in CT-39E/G Transportstaffeln; Radarschulung für A-6 und F-18

Grund-Typ	volkstümliche Bezeichnung	Hersteller-werk	Typen-Beschreibung	nachf. Anga-ben zu Version	Maxi-mal-Startge-wicht kg	Flugleistungen Höchst-geschw. /Flughöhe km/h/m	Aktions-Radius km	Reich-weite km	Dienst-gipfel-höhe m
U-16	Albatross	Grumman	Amphibisches Seenotflugzeug	HU-16B	17 010	416/5 700 380/ Seehöhe	·	2 850	6 550
U-25	Guardian	Dassault-Breguet	Transporter und Überwachungs-Flugzeug	HU-25A	14 515	869/12 500	·	2 960, max. 4 020	13 000
H-1	*	Bell	Transporthub-schrauber	UH-1N	4 535	194/ Seehöhe	·	476 (Überf. Reichw.)	4 820
			Bordgestützter Erdkampf-Unter-stützungshub-schrauber	AH-1J	4 535	333/ Seehöhe	370	577	3 215
H-2	Seasprite	Kaman	Bordgestützter U-Jagd-Hubschrauber	SH-2F	6 032	270/ Seehöhe	·	716 (Überf. Reichw.)	6 858
H-3	Sea King	Sikorsky	Bordgestützter amphibischer Transport- bzw. U-Jagdhub-schrauber	SH-3D	9 297	267/ Seehöhe	·	1 004 (Überf. Reichw.)	4 480
H-46	Sea Knight	Boeing/Vertol	Mittlerer bord-gestützter Trans-porthub-schrauber	CH-46D	10 433	267 Seehöhe	·	385	4 265
H-52	Seaguard	Sikorsky	bordgestützter amphibischer Rettungs-hubschrauber	HH-52A	3 674	175/ Seehöhe	·	765	3 410

Antrieb/ PS-Leistung	Abmessungen, m			Waffenlast/Nutzlast	Bemerkungen
	Spann-weite	Länge	Höhe		
2 Kolbenmotoren R-1820-76A mit je 1 425 PS	29,46	19,18	7,87	Seenot-Ausrüstung	Verwendung nur bei Küstenwache; Erstflug: 1947, HU-16B: 1956. Geflogene Version HU-16E
2 Strahltrieb-werke ATF3-6-2C mit je 2 405 kp Schub	16,30	17,14	5,20	1 380 kg oder 8–14 Passagiere	Militär-Version der Dassault Falcon 20G; geflogene Version HU-25A Ersatz für die HC-131A bei der Küstenwache
1 Propeller-turbine PT6T-3 Twin Pac mit 1 800 PS	14,69	13,07	4,39	12–14 Soldaten	Militär-Ausführung der AB.204B; Erstflug: 1956.* Differenzierte Namengebung: UH-1B/E Iroquois UH-1L Huey TH-1L Seawolf verschiedene Versionen bei der Navy und beim Marine Corps UH-1N Twin Huey VH-1N Twin Huey
1 Propeller-turbine T400-CP-400 mit 1 800 PS	13,41	13,59	4,15	2 MK und Waffenlast bis 750 kg	Erdkampf-Unterstützungsversion der UH-1. Erstflug: 1965; geflogene Versionen: AH-1G Huey Cobra, AH-1T King Cobra AH-1J Sea Cobra
2 Propeller-turbinen T58-GE-8F mit je 1 350 PS	13,41	12,30	4,72	U-Jagd-Ausrüstung, 2 U-Jagdtorpedos	LAMPS I-Bordhubschrauber auf Kreuzern, Zerstörern und Fregatten. Erstflug UH-2A: 1959. Geflogene Versionen: HH-2C Rettungs-Hubschrauber, sowie mehrere weitere Versionen SH-2F für U-Jagd
2 Propeller-turbinen T58-GE-10 mit je 1 400 PS	18,90	16,69	4,72	26 Soldaten bzw. U-Jagdausrüstung	Militär-Ausführung der S-61. Erstflug: 1959 Geflogene Versionen: SH-3G U-Jagd-Maschinen an Bord von SH-3H Flugzeugträgern HH-3F Rettungsmaschine der Küstenwache RH-3A Minenräum-Maschinen VH-3D Reisemaschinen des Marine Corps für das Weiße Haus
2 Propeller-turbinen T58-GE-10 mit je 1 400 PS	15,55	13,67	5,18	max. 3 237 kg oder 25 Soldaten	Militär-Ausführung der Boeing-Vertol 107-II. Erstflug: 1958, CH-46D: 1966 Geflogene Versionen: CH-46D/E/F mittlere Transporter des Marine Corps und Frachttransporter der Navy UH-46D Hilfsdienstmaschine der Navy
1 Propeller-turbine T-58-GE-8 mit 1 250 PS	16,16	13,58	4,88	max. 1 368 kg oder 12 Soldaten	Militär-Ausführung der S-62C. Erstflug: 1958 HH-52A Rettungshubschrauber der Küstenwache

Grund-Typ	volkstümliche Bezeichnung	Hersteller-werk	Typen-Beschreibung	nachf. Anga-ben zu Version	Maxi-mal-Startge-wicht	Flugleistungen			
						Höchst-geschw. /Flughöhe	Aktions-Radius	Reich-weite	Dienst-gipfel-höhe
					kg	km/h/m	km	km	m
H-53	Sea Stallion	Sikorsky	bordgestützter schwerer Trans-porthubschrauber	CH-53A	19 050	315 Seehöhe	·	413	6 400
H-57	Sea Ranger	Bell	leichter Schul-hubschrauber	TH-57A	1 360	241/ Seehöhe	·	630	5 395
H-60	Seahawk	Sikorsky	Bordgestützter U-Jagd- und Mehrzweck-Hubschrauber	SH-60B	8 790	277	·	*	3 050

Antrieb/ PS-Leistung	Abmessungen, m			Waffenlast/Nutzlast	Bemerkungen
	Spann-weite	Länge	Höhe		
2 Propeller-turbinen T64-GE-413	22,02	20,47	7,55	max. 10 866 kg oder 64 Soldaten oder 24 liegende Verwundete	Militär-Ausführung der S-65A. Erstflug: 1964, YCH-53E: 1974. Geflogene Versionen: CH-53D schwerer Transporter des Marine Corps RH-53D Minenräumer der Navy VH-53D Reisemaschine des Marine Corps für das Weiße Haus CH-53E in Einführung beim Marine Corps und bei der Navy (3 Propellertur-binen T64-GE-415 mit je 4 380 PS) MH-53E neuer Minenr.; in Entwicklg. ab 1980
1 Propeller-turbine 250-C18A mit 317 PS	10,16	9,50	2,91	max. 113 kg oder 4 Passagiere	Militär-Schulausführung der Bell 206A. Erstflug: 1966 TH-57A Grundschulungsmaschine der Navy
2 Gasturbinen T700-GE-400 mit je 1 630 PS	16,36	15,26	·	U-Jagd-Spezial-ausführung	Firmenbezeichnung S-70L. Erstflug: 1978 SH-60B ab 1984 LAMPS III – Bord-hubschrauber auf Zerstörern und Fregatten * Einsatzdauer: 1 Std. lang, 278 km vom Schiff entfernt 3 Std. lang, 92 km vom Schiff entfernt

Bildnachweis

Beech Aircraft Corp.: Seite 51 unten, 59 unten, 62 unten

Bell Helicopter Co.: Seite 65, 66, 67, 79 oben

Boeing Vertol: Seite 76 (beide)

Douglas Aircraft Co.: Seite 14 unten

Famous Aircraft of the World: Seite 14 oben, 15 unten, 16 oben, 19 oben, 21 unten, 29 unten, 44 unten, 74 (beide), 75 (beide)

Grumman: Seite 18 oben, 39 unten, 41 oben

Kürsener, J.: Seite 17 unten, 29 oben, 32 (beide), 38 unten, 45 Mitte, 69 (beide)

Lockheed Aircraft: Seite 42 unten, 44 oben, 45 oben und unten, 46 (beide), 47 (beide), 53 (beide)

LTV: Seite 22 (beide), 28 oben

McDonnell Douglas: Seite 17 oben, 24 unten, 25 (beide), 27 oben, 33 (beide), 50 unten

Naval Aviation News: Seite 26 unten, 28 unten, 55 (beide), 62 oben, 78, 79 unten

North American: Seite 61 oben

Rockwell International: Seite 34, 35, 36 (beide)

Sikorsky Aircraft: Seite 70, 73 unten, 77 oben

Squadron/Signal Publications: Seite 16 unten

Terzibaschitsch, Stefan: Seite 15 oben (beide), 21 oben (beide), 24 oben, 39 oben, 49 Mitte, 68 (beide), 71 oben

USCG: Seite 50 Mitte, 51 oben, 54 (beide), 57 (beide), 58, 59 oben, 72 unten, 73 oben, 76 unten

USN: Seite 18 unten, 19 unten, 20 unten, 27 unten, 30 (beide), 38 oben, 41 unten, 42 oben, 49 oben und unten, 50 oben, 52 (beide), 56 oben, 61 unten, 63, 71 unten, 72 oben

USNI Proceedings: Seite 26 oben, 56 unten

Literaturverzeichnis

Aircam Aviation Serien, diverse Hefte; Osprey Publishing Ltd. Canterbury, England

Air Forces of the World, vol. 1: Aircraft of the U.S. Navy; Delta Editrice, Italien 1977

M. W. Cagle: Naval Aviation Guide, 3. Auflage; Naval Institute Press, Annapolis, USA, 1976

Coast Guard, Air Search and Rescue; U.S. Department of Transportation, Washington, USA, 1978

Dictionary of American Naval Fighting Ships, vol. V; Naval History Division, Washington, USA, 1970

P. M. Bowers/G. Swanborough: U.S. Navy Aircraft since 1911, 2. Auflage; Naval Institute Press, Annapolis, USA, 1976

Famous Aircraft of the World, diverse Hefte; Tokio, Japan

W. Green: Flugzeuge der Welt, diverse Jahrgänge; Werner Classen Verlag, Zürich/Stuttgart

N. Krivinyi: Taschenbuch der Luftflotten, 2. Jahrgang; J. F. Lehmanns Verlag, München, 1976

Naval Aviation News, Monats-Zeitschrift; herausgegeben durch das Büro des Chief of Naval Operations und das Naval Air Systems Command, Washington, USA

N. Polmar: The Ships and Aircraft of the U.S. Fleet, 11. Jahrgang; Naval Institute Press, Annapolis, USA, 1978

St. Terzibaschitsch: Die Luftwaffe der U.S. Navy und des Marine Corps; J. F. Lehmanns Verlag München, 1974

St. Terzibaschitsch: Flugzeugträger der U.S. Navy, Band I – Flottenflugzeugträger – ; Bernard & Graefe Verlag München, 1978

Squadron/Signal Publications, diverse Hefte; Almarc Publishing Co. New Malden, England

Weitere Bücher
von Stefan Terzibaschitsch: